▣ 이동순 수필집

그의 마지막 목소리가 듣고 싶었다

이지출판

책을 내며

나는 포항에서 태어났다. 어려서 바다는 우리 집 앞마당과 같았다. 자주 해변가 모래사장을 걸으며 나의 발자국을 남기기를 좋아했다. 그러나 돌아다보면 어느새 짓궂은 파도가 밀려와 내 발자국을 모두 지워 버리고 말았다.

여고와 대학 시절은 고향을 떠나 서울에서 보냈다. 여고 3년 동안은 향수에 젖어 살았다. 대학교 4년은 서울 생활에 익숙해져 미니스커트를 입고 하이힐을 신고 명동과 종로 바닥을 활보하며 다녔다. 그러다 졸업하자마자 결혼을 하게 되었다.

신랑은 한 가문의 종손이었다. 나는 종가의 선택을 받은 사람으로 생각하며 살았다. 그래서 종부라는 위치가 주는 중압감보다 보람과 긍지가 더 컸던 것 같다. 한 가문을 지키기 위해 온갖 정성을 다하는 종손의 손을 잡고 함께 뛰었다. 그러던 어느 날 그가 내 손을 힘없이 놓아 버렸다. 갑작스런 병마 때문이었다.

수필가로 등단한 것도, 3인 공저 수필집을 낸 것도 마른 모래 위에 찍힌 발자국처럼 희미해져 갔다. 글쓰기를 접어야 했다. 아니, 나의 일상 대부분을 접어야 했다. 오직 남편의 간병에만 매달렸다. 검은 파도가 어린 날 포항 앞바다의 모래사장에 찍힌 내 발자국을 지워 버리듯이 지금까지 살아온 그와 나의 모든 발자국을 지워 버리려고 했다.

그렇게 5년이란 세월이 흘렀다. 이젠 더 이상 미룰 수 없다는 생각이 들었다. 혹시라도 병세가 악화될까 염려되었다. 그전에 내 삶의 흔적과 우리 둘의 추억을 글로 새기어 그와 함께 나누고 싶었다.

글을 쓰다가 남편이 찾으면 얼른 뛰어가서 돌봐주고 돌아와서 몇 자 쓰고 또 뛰어가고, 또 쓰고 했다. 다행히 밤 11시부터 두어 시간 정도는 집중하여 글을 쓸 수 있었다. 그렇게 쓴 글을 모아 한 권의 책으로 묶었다.

5년 세월 동안 남편은 한 번도 좌절하는 모습을 보이지 않았다. 의연하게 견뎌 내는 그의 투병 생활을 지켜보면서 나는 많은 것을 느꼈다. 팔다리를 움직일 수 없다고, 말을 할 수 없다고 해서 반드시 불행하기만 한 것은 아니라는 걸 깨우치게 해 주었다. 그것이 나에게 힘을 실어 주었다. 그래서 수없이 포기하려 하다가도 나는 다시 일어설 수 있었다.

언젠가 신약이 개발되면 그이가 오랜 병상에서 털고 일어날 수 있을 것이다. 어느 화창한 날을 골라 오랫동안 미루어 두었던 아들네 신혼 살림집으로 가려고 한다. 둘이 손잡고 이야기를 나누며 가려고 한다.

책이 나오기까지 조용히 지켜봐 준 남편에게 진심으로 고마운 마음을 전한다. 그리고 일현 선생님께 머리 숙여 감사드린다. 선생님의 격려와 편달이 없었더라면 이 책은 햇볕을 볼 수 없었을 것이다.

바쁘신 중에도 평설을 써 주신 김우종 선생님께도 깊이 감사드린다.

2021년 9월 어느날

이 동 순

그의
마지막 목소리가
듣고 싶었다 – 차례

2_ 밥값은 해야제

3 _ A SUMMER PLACE

4_ 그날을 기다리며

5_ 남편은 아직 현역이다

1 _ 분홍 보자기

영창제재소

내가 초등학교 다닐 때 우리 집은 제재소를 했다. 제재소 안에 살림집이 있었기 때문에 내 어린 시절은 산판에서 실어 온 나무와 갓 켜 놓은 목재 속에서 보냈다.

바람이 몹시 부는 추운 겨울이었다. 동생들과 함께 아랫목에 발을 모으고 새벽잠에 혼곤히 빠져 있을 때 멀리서 자동차 엔진 소리가 들리곤 했다. 그 소리가 차츰 가까워 오면 아버지는 고동색 골덴 돕바를 입고 엄마가 짠 털 목도리를 두르고 밖으로 나가시곤 했다. 인부들의 참을 준비하기 위해 엄마도 뒤따라 나가셨다. 아버지가 나가자 곧이어 트럭 조수의 목소리가 들려왔다.

"오라이, 오라이, 오라이… 스톱!"

스톱 소리와 동시에 엔진 소리가 멈추었다.

"수고들 많았네."

아버지 목소리를 신호로 아름드리 원목을 부리는 소리가 났다.

"쿵, 쿵, 쿵…."

나무가 트럭에서 떨어질 때마다 땅이 진동했다. 잠결에서도 집이 무너질까 봐 걱정스러웠다. 일 년 내내 며칠에 한 번씩, 새벽 세 시에서 네 시 사이에 그 소리가 들리곤 했다.

"어이, 조심하라구."

아버지의 두 번째 목소리가 들렸다. 나는 그제야 방문을 열고 바깥을 내다보았다. 운전수, 조수 두 아저씨가 통나무를 양쪽에서 잡고 구령을 붙여 가며 차에서 땅으로 떨어트렸다. 멀찌감치 서서 조심하라는 말을 입에 달고 계시는 아버지가 추워 보였다. 공기 속으로 흩어지는 아버지의 하얀 입김을 보며 내 머릿속이 갑자기 싸해졌다. 한밤중에 일어나야 하는 아버지의 고달픔을 느꼈던 것일까. 가족을 위해서 새벽잠을 깨야 하는 아버지가 안돼 보이기도 하고 고맙기도 했다.

방 안에 앉아 있어도 바깥에서 인부들 일하는 소리와

나무를 켜는 기계톱 소리가 생생하게 들려왔다. 제일 처음 들려오는 것은 '윙' 하는 회전 톱날이 돌아가는 부드럽고 순한 소리였다. 그러다가 나무에 닿으면 '웽' 하고 날카로운 소리가 났다. 그 소리는 한동안 계속되었다. 때로는 '푸우~' 하는 문풍지 떠는 소리, '쇠에~' 하는 파리한 울음소리, '쏴아~' 하는 말간 하늘에서 쏟아지는 소나기 같은 소리도 났다. 그 소리는 여름에 들으면 피서를 온 듯 시원하게 느껴졌다. 때로는 '끼~익' 하는 소리도 들렸다. 톱이 나무 옹이를 만나면 내는 소리였다. 괴롭다는 소리로 들릴 적도 있었지만 아이들이 장난치는 소리로 들릴 때도 있었다.

나에게 나무 켜는 소리는 모두 아름답고 경쾌한 음악 소리였다. 여러 가지 소리를 내며 갈라지는 통나무는 둘, 넷, 여덟, 운명이 기구한 나무는 열여섯 조각으로 갈라지기도 했다. 길이, 넓이, 굵기가 다양했다.

미끈하고 늘씬하게 자른 나무는 종류별로 이름표를 달고 제재소 한쪽에 세워졌다. 따로 놀거리가 없던 나는 친구들과 나무 사이를 드나들며 숨바꼭질을 하며 놀았다. 나무 뒤에 숨어 있으면 싱그럽고 풋풋한 냄새가 진동했다.

깊이 들이마시면 향긋하고 달콤한 냄새가 나는 것 같았다. 박하향처럼 콧속이 화해지기도 했다. 숨바꼭질이 싫증나면 톱밥을 가지고 놀았다. 집도 짓고 굴도 파고 다리도 만들었다.

'영창제재소'라는 간판이 붙어 있던 큰 나무 대문과 마당이 넓던 그 집은 나의 왕국이었다. 그곳에서 나는 첫째 공주였다. 친구들은 서로 나의 왕국에 놀러 오려고 했다. 어떤 친구들은 연필이나 지우개 같은 뇌물을 주기도 했다. 나는 그들 앞에서 엄청 으스댔다. 내가 제재소 집 딸인 것이 가장 자랑스러웠던 때가 아니었나 싶다.

그때의 공주는 이제 늙어 버렸다. 하지만 눈을 감고 있으면 지금도 톱날이 나무를 파고들 때 나던 상쾌한 마찰음이 들리고, 송진 냄새 풀풀 나던 목재 더미가 떠오른다. 아마 내 유년의 왕국 '영창제재소'는 그 이름처럼 영원히 가슴에 남아 있을 것이다.

엄마의 아물지 않는 상처

내가 여섯 살 때쯤이었을까. 집에서 부르는 내 이름은 '귀동'이었다. 가녀린 체격 때문인지 아니면 나긋나긋한 성격 때문이었는지 어른들한테 귀여움을 받았던 것 같다. 그래서 엄마는 물론이고 동네 강아지까지 벌벌 떨던 할아버지를 나는 무서워하지 않았다.

일찍 상배하고 재혼하신 할아버지는 우리 집과 그리 멀지 않은 곳에 따로 사셨지만, 할아버지 집 아래채 드나들듯 우리 집에 자주 오셨다.

지금부터 까마득히 먼 60년도 더 지난 일인데, 그날 일이 생생하게 떠오른다. 한여름이었던 것 같다. 오후 네다섯 시쯤이나 됐을까, 여름 해는 아직 중천에 걸려 있었다. 하얀 모시옷을 입으신 할아버지께서 긴 담뱃대를 물고 마당에서 1미터도 더 올라간 대청마루에서 왔다 갔다 하시던 모습이 눈에 선하다. 내 보기에는 딱히 할 일도 없고 만날 친구도 없으니 그저 잘 차려입고 폼이나 잡아보는 것 같기도 하고, 아니면 걸을 때마다 길어졌다 짧아졌다 하는 할아버지 그림자와 노시는 것 같기도 했다.

같은 시간에 골목 끝에서 친구들 노는 소리가 들려왔다. 노래에 맞춰 고무줄뛰기를 하는지, 노랫소리가 멀어졌다 가까워졌다 했다.

"금강산 찾아가자 일만 이천 봉
볼수록 아름답고 신기하구나…."

나도 친구들과 놀고 싶었다. 살며시 삽짝을 나섰다. 그런데 삽짝을 다 나가기도 전에 할아버지께서 부르셨다. 심부름을 시키셨다. 무슨 심부름이었는지 생각이 잘 나지 않지만 아마도 담뱃잎을 사 오라는 말씀이었을 것이다. 그 순간 할아버지가 얄미운 생각이 들었다. 할 일 없는 할아버지가 가시면 될 걸, 왜 친구들한테 가려는 나에게 심부름을 시키시느냐는 말이다.

못 들은 체했다. 삽짝을 막 벗어나려는데 갑자기 뒤통수가 화끈했다. 할아버지가 물고 계시던 대꼬바리가 날아왔던 것이다. 피할 새가 없었다. 손으로 만져봤다. 뜨끈뜨끈했다. 손바닥이 흥건했다. 피였다. 무서웠다. 나도 모르게 "엄마!" 하고 소리를 질렀다.

뒤뜰에서 후다닥 뛰어나오는 엄마는 장닭처럼 빨랐다. 마루 위에서 화와 당황스러움이 뒤섞인 표정으로 서 계시는 할아버지를 본 엄마는 아무 말도 못한 채, 피를 흘리고 서 있는 나를 장독대로 데리고 갔다. 잽싸게 된장을 바르고 헝겊으로 싸매 주었다. 그때 엄마 얼굴은 쓰디쓴 한약을 삼킨 표정이었다. 눈에는 눈물이 가득 고여 있었다.

한숨처럼 입 속으로 중얼거렸다.

"아이고, 성품도 참 대단하시지. 우째 아한테 대꼬바리를 던지시노…."

그러고는 할아버지 말씀을 안 들은 나를 작은 소리로 책망하셨다.

"불같은 너거 할배 성미는 와 그슬리고 그라노."

아픈 것보다도 크게 야단맞을 것을 걱정하고 있었는데 엄마의 힘없는 꾸지람을 듣는 순간 뒤통수 아픈 것은 잊어

버리고 오히려 떨고 있는 엄마가 불쌍한 생각이 들었다.

뒤통수에서 빨간 피와 누런 된장이 뒤섞인 벽돌색 피가 나와 하얀 헝겊을 금방 적셨다. 며칠 동안 하루 한 번씩 새 된장을 붙였고 열흘이 지나서야 겨우 상처가 꾸덕꾸덕해졌다. 치료를 할 때마다 엄마는 혀를 찼다. 그리고 늘 같은 말을 되뇌셨다.

"아이고, 참 성품도 대단하시제…."

투창 선수도 아닌 할아버지께서 던진 대꼬바리가 하필이면 뒤통수를 정통으로 맞혔다. 분명 본의가 아닌 우연이었겠지만 어쨌든 내 머리에는 가로로 1센티가량의 구멍이 났다. 엄마 가슴에는 아마도 100센티도 너 되는 큰 구멍이 났을 것이다. 뒤통수가 다 나았을 때도, 아니 시집가서 엄마 곁을 떠난 후에도 엄마 가슴에 난 상처는 아물지 않았지 싶다.

그 상처 자리는 어른이 되어서도 머리카락이 잘 나질 않았다. 엄마 가슴에 난 상처가 아물지 않듯이.

내가 엄마가 되었을 때 시아버님한테 꾸지람을 듣고 우는 내 아이들을 볼 때면 나도 모르게 맨들맨들한 내 뒤통수에 손이 갔고, 그때마다 엄마의 눈물 어린 얼굴과

안절부절못하던 모습이 떠올랐다.

엄마가 되어서야 비로소 그때 엄마의 아픔을 아파하게 된 것이다.

무슨 말이 하고 싶었을까

우람한 원목이 마당 가득 산더미처럼 쌓여 있는 제재소는 하루 종일 '윙~ 윙' '쐬~쐬' 전기톱 돌아가는 소리가 요란했다. 건장한 아저씨들도 서너 명 있었다. 그들의 튼튼한 체격과 그을린 피부, 큰 목소리는 제재소와 잘 어울렸다.

어느 날 제재소와는 도무지 어울리지 않는 소년이 한 명 들어왔다. 여중 2학년이었던 나보다 조금 성숙해 보이는 그는 거무튀튀한 근육질이 아닌 피부가 하얀 미소년이었다. 각이 지지 않은 동그스름한 얼굴이 순하고 부드럽게 보였으나 빳빳하게 선 머리카락과 오뚝한 코는 자존심이 강해 보였다.

그의 얼굴에서 내 시선이 머문 곳은 눈, 그 큰 눈이었다. 맑은 냇물처럼 투명한 눈동자에 안개 같은 어둠이 끼어 있고 촉촉이 젖어 있었다. 금세 눈물이라도 흐를 것처럼. 앞으로 도드라진 아랫입술도 마찬가지로 젖어 있었다. 시간이 조금 더 흐른 뒤였지만 나는 그것이 어떤 슬픔 때문일 거라고 생각하게 되었다.

그는 벙어리였다. 그가 하는 일은 아버지 심부름으로 외상값을 받아 오거나 나무를 파는 일이었다. 어느 날 우연히 나무를 파는 그를 보았다. 손님에게 받을 금액을 적은 공책을 보여 주면 누구도 이의를 달지 않고 돈을 주었다. 손님들은 흥정도 하지 않았다. 다른 사람이 팔 때는 그렇지 않았는데. 그의 맑은 눈을 보는 순간 손님들은 믿을 수밖에 없는가 싶었다.

외상값을 받아 오는 것도 마찬가지였다. 아버지는 그가 장부에 적힌 집을 찾아가서 장부를 보이고 쉽게 돈을 받아 온다고 하셨다. 성실하고, 부지런하고, 무엇보다 정직하다고 아버지는 물론이고 자주 오는 손님들도 그렇게 말했다.

아버지는 이런 데서 일하기에는 아까운 아이라고 늘 말씀하셨다. 내가 보기에도 그랬다. 검정 사지바지와 하얀 데드론 남방을 입은 모습이 톱밥이 펄펄 날리는 제재소에서 일하는 아이로 보이지 않았다. 단정하고 깔끔한 차림새로 책가방을 메고 직장이 아닌 학교로 가는 모습이 가끔씩 그려지곤 했다.

그가 입은 하얀 남방은 앞마당처럼 늘 환했지만 얼굴은 그늘진 뒷골목처럼 어두웠다. 소리 내어 활짝 웃는 모습을 본 기억이 좀처럼 나지 않는다. 말을 하려고 입을 벌리다가도 금세 다물어 버렸다. 그가 낼 수 있는 소리란 오직 '버 버' 뿐이었으니까. 그때 그의 표정은 잘못도 없이 선생님께 야단맞는 학생처럼 불만스러워 보였고, 찡그린 표정은 화가 난 것도 같고 창피해하는 것 같기도 했다. 어쩌다 나와 눈이라도 마주치면 금세 얼굴이 빨개져서 고개를 숙이곤 했다. 그는 내 앞에 서는 것을 좋아하지 않았다. 내 등 뒤에, 그것도 멀찍이 서 있곤 했다.

그는 아침 일찍 출근해서 우리가 저녁 먹을 때쯤 퇴근했다. 낮 시간은 거의 못 만났지만 아침에 등교할 때와 하교 이후에는 종종 부딪쳤다.

어느 날 아침 학교에 가려고 방문을 열었을 때였다. 순간 내 운동화가 한눈에 들어왔다. 현관에 어지럽게 흩어져 있는 많은 신발들 한가운데 오직 내 신발 두 짝만이

가지런히 놓여 있는 것이 아닌가. 누가 그랬는지 알 것 같았다. 누가 보기라도 하면 어쩌려고. 동생이 보면 어쩌려고. 또 얼마나 나를 놀려먹을지 짐작하고도 남기 때문이었다.

재빠르게 운동화를 그 자리에서 탈출시켰다. 다행히 목격자는 없었다. 아니, 한 사람 있었다. 숨어서 확인하는 사람, 그 소년이었다.

가슴이 마구 뛰었다. 왜 이런 짓을 했을까? 다시는 하지 말아야 할 텐데. 어떻게 내 뜻을 전하지? 종일 수업 내용이 귀에 들어오지 않았다. 학교에서 돌아왔을 때, 나를 먼저 본 그가 머뭇거렸다. 나는 쌀쌀한 눈짓으로 그를 불러 세운 뒤, 머릿속에 그려 놓은 동작을 실행하기 시작했다.

먼저 운동화를 검지로 콕콕 찍는 동시에 머리를 상하로 끄덕였다. 그다음은 두 팔을 가슴에 대고 X자를 만들어 보이면서 머리를 좌우로 세 번씩 흔들었다. 표정은 되도록 차갑게, 동작은 되도록 딱딱하게. 나의 팬터마임을 심각하게 보고 있던 그가 갑자기 입을 열었다.

"버, 버, 버."

거기에다 눈짓, 손짓, 몸짓까지 동원했다. 난해했다. 해독

이 거의 불가능하다고 판단한 나는 검지를 입술 가운데 세웠다. 그 순간 그의 눈동자는 흐려졌고 나는 튕기듯이 돌아서 버렸다. 그 장면을 누가 보기라도 한다면 큰일이 날 것 같았기 때문이었다.

그날 밤 잠이 오지 않았다. 매정한 내 행동에 얼마나 상처를 입었을까. 어쩌면 그의 눈의 안개 같은 어둠도 그런 상처 때문이 아니었을까. 그의 순수한 마음을 너무 무참하게 만들었나, 죄책감마저 들었다. 솔직히 나도 그 소년을 좋아하고 있었는지 모르겠다. 마음을 들킬까 봐 더 쌀쌀맞게 굴었던 게 아닐까. 납덩이처럼 창백해진 얼굴, 숙인 고개 아래 살짝 보이던 찡그린 듯한 그만의 표정이 밤이 깊어 갈수록 더욱 또렷해졌다.

그날 이후로 다시는 그런 일은 없었다. 그는 나만 보면 먼저 피하곤 했다. 눈빛이 점점 빛을 잃어 가는 것 같았다.

그때 그의 말을 좀 더 오래 듣고 있었어야 했는데, 적어도 그렇게 쌀쌀맞게 굴지는 말았어야 했는데 하는 소용없는 후회가 밀려왔다. 오랫동안 마음이 아팠다. 그때 그는 무슨 말이 하고 싶었을까? 지금도 눈물 고인 크고 맑은 눈이 가끔 떠오르곤 한다.

분홍 보자기

오래전 일이다. 열여섯 여고생이 되어 설레는 가슴을 안고 서울로 공부하러 왔다. 이제 넓은 세상에서 마음껏 꿈을 펼쳐 보리라. 그러나 서울이란 곳은 그렇게 녹록지 않았다. 호의적이지도 않았다. 도리어 슬프게까지 했다.

아침에 눈을 떠도 엄마의 목소리는 들리지 않았다. 나를 위해 차려놓은 따뜻한 밥상 같은 것도 없었다. 대문 앞에서 "동수나아, 학교 가아자!" 하며 엿가락 늘이듯 길게 늘려 빼던 영자, 상옥이, 말분이… 친구들의 귀에 익은 목소리도 더 이상 들리지 않았다. 내가 없는 우리 집 앞을 그냥 지나쳐 갈 친구들의 뒷모습. 눈물이 났다.

서울 아이들은 이름조차 불러 주지 않았다. 동순이란 고유명사가 있는데도 낯선 보통명사로 불러대는 것이었다.

"얘, 시골 애!"

그렇게 부를 때마다 어떤 모멸감 같은 것을 느끼곤 했다. 그건 마치 "얘, 촌놈!" 하고 부르는 소리로 들렸기 때문이다. 개성도 호의도 없는, 무슨 사물의 이름 같은 호칭. 여러 개의 조약돌 가운데 하나에 불과한 존재가 된 기분이었다. 그때마다 속으로 항변했다.

'너거는 포항이 행정상 어엿한 도신 줄도 모르나?'

'가시나들, 포항이 얼매나 큰데 시골, 시골 캐쌓노!'

그러나 드러내 놓고 말 한마디 못한 채 속만 끓였다.

그나마 다행인 것은 내 짝 이경이만은 촌놈 취급을 하지 않는다는 사실이었다. 오히려 자기의 짝인 것을 자랑스럽게 생각하는 것 같았다. 이 반 저 반 다니면서 내 자랑을 하는가 하면, 사투리가 재미있어 죽겠다며 가늘게 실눈을 뜬 채 목젖이 보이도록 웃어 대곤 했다.

그 애는 몸집이 나의 두 배는 되고도 남는 것 같았다. 게다가 몸집만큼이나 기도 팔팔해서 꼭 남자 같았다. 그 때문이었을까? 기가 약해빠진 나를 좋아했다. 어디를 가든 내 손을 잡고 다녔다. 옆 반에 갈 때도, 꽃이 자수정처럼 늘어진 등나무 아래 있는 벤치에 갈 때도 나와 함께였다.

심지어 화장실 갈 때도 따라 나섰다. 객지에서 고립무원이던 나에게 이경이는 든든한 보디가드이자 믿을 만한 후견인이었다.

입학하고 며칠 되지 않은 어느 날 영어 시간이었다. 선생님이 읽기를 시키셨다. 여기저기서 "저요! 저요!" 하고 있을 때였다. 옆에 있던 이경이가 무슨 생각에선지 나를 추천했다. 커다란 몸집에 우렁찬 목소리. 선생님이 나를 시키셨다.

나는 일어나서 읽기 시작했다. 영어라면 자신 있었다. 그 억센 경상도 억양도 영어를 읽는 데는 하등 문제가 되지 않았으니까. 한참을 읽어 가자 교실은 갑자기 침묵 속으로 녹아들었다. 촌놈이라고 얕봤는데 기대 이상이었던 모양이다. 그 후부터 아무도 '시골 애'라고 부르지 않았다. '동순'이라고 불러 주었다. 비로소 잃어버렸던 내 이름을 되찾은 것이다.

그러나 문제는 국어 시간이었다. 영어 시간에 약간 올라갔던 목이 국어 시간만 되면 다시 떨어지곤 했다. 경상도 억양이 오르내릴 때마다 서울 가시나들은 까르르까르르 웃어 댔다. 나의 자존심도 그 웃음소리에 따라 잘게 조각나고 있었다. 그래도 그런 것쯤은 참을 수 있었다. 속으로라도 욕을 해 주면 그만이니까.

정말 나를 난처하게 만든 것은 국어 교과서에 나오는 감상적인 단어였다. 어머니, 친구, 그리움 같은 단어가 아니어도 하늘, 바람, 별, 바다 같은 흔한 단어만 나와도 눈물이 나왔다. 그 많은 눈물이 어디에 고여 있다가 쏟아지는지 알 수 없었다. 대책을 세워야 했다. 생각 끝에 내린 결론은 다른 아이들의 시선으로부터 나를 차단해 버리는 것, 그것이었다.

국어 시간이 들어 있는 날은 보자기를 준비하기로 마음먹었다. 분홍색 인조견 보자기였다. 덜 튀는 색상을 찾았지만 없었다. 그날도 시간표에 국어가 있었고 나는 분홍 보자기를 챙겼다. 드디어 국어 수업이 시작되었다. 선생님은 칠판에 그날 배울 시 제목을 커다랗게 쓰셨다.

나그네

순간 나그네의 외로운 모습이 내 위에 오버랩되는 것이 아닌가. 처음엔 코끝에 싸한 신호가 오더니 이어서 찡하는 통증이 콧속을 자극했다. 이를 악물었다. 그리고 눈을 들어 천장을 쳐다보다가 창밖에 있는 목련나무로 시선을 옮겼다. 마침 하늘을 날던 비행기가 보였다. 그 비행기를 타고 아예 고향으로 가버리고 싶었다. 파란 고향 하늘을 떠올리고 있을 때, 지명을 받은 아이가 낭창거리는 서울 말씨로 낭독하기 시작했다.

길은 외줄기
남도 삼백 리
술 익는 마을마다
타는 저녁놀

듣지 않으려고 귀를 감싸쥐었다. 그러나 머릿속에 이미 고향 마을이며 보리밭이며 저녁놀이 아득히 펼쳐져 있었다. 참아야 한다며 이를 악물었다. 그러나 야속하게도 눈물보는 견뎌 내지 못하고 터지고 말았다. 나는 준비해 간 보자기를 얼른 뒤집어썼다. 그대로 책 위에 얼굴을 묻고 울었다. 엄마가 보고 싶고 동생이 보고 싶고 뛰놀던 포항 앞바다가 보고 싶었다. 다행히 국어 선생님은 야단치지 않으셨다. 담임 선생님이어서 그랬을까? 아니면 나처럼 시골이 고향이어서 그랬을까? 선생님의 배려가 고마워서 더 섧게 울었다.

지금도 선생님을 또렷이 기억한다. 우뚝한 코, 훤칠한 키, 이국적인 외모. 웃을 때는 하회 양반탈처럼 입꼬리와 눈꼬리가 마주 붙곤 했는데…. 그리고 내 짝 이경이가 생각난다. 덩치도 마음씨도 늘 언니 같았는데….

그 후로도 자주 분홍 보자기를 써야 했고, 국어책은 갈피마다 눈물자국으로 얼룩져야 했다.

그렇게 1학년이 다 지나갈 무렵이었다. 아이들이 더 이상 내 이름을 부르지 않았다. 그렇다고 '시골 애'라고 부르는 것도 아니었다. '분홍 보자기'라고 부르는 것이었다. 분홍 보자기는 그래서 나의 별명이 되었다.

여고를 졸업한 지도 수십 년, 이제 나는 어머니니 나그네니 바다니 하는 단어에 눈물을 흘리지 않는다. 성숙한 어른이 된 것이다. 그런데 그 성숙이니 어른이니 하는 단어가 달갑지 않게 느껴질 때가 있다. 그 많던 눈물과 함께 여고 시절의 맑고 여린 감성들이 모두 메말라 버린 것이 아닌가 해서다.

난 조카가 아니거든요

서울 와서 처음 세 들었던 집은 왕십리에 있었다. 작은 오빠는 대학을 다니다가 군대에 가고 큰오빠와 함께 자취를 했다. 다행히 친척 고모가 우리 살림을 맡아 주었다.

처음 그 집에 갔을 때 내 마음을 사로잡았던 것은 그 집 젊은 주인 부부도, 네 살짜리 귀여운 사내아이도 아니었다. 안주인의 남동생이었다. 그도 나처럼 시골 출신이었다. 내가 서울서 고등학교 입학시험을 쳤을 때, 그는 대학을 막 졸업하고 입사 시험을 쳤을 것이고, 그도 나도 합격의 영광을 얻어 서울 땅 그의 누님 집에서 만나게 된 것이었다. 그는 전라도 총각, 나는 경상도 처녀. 그러나 아직 고등학생 꼬리표가 붙은 어린 처녀였다.

어쨌거나 처녀 총각이 한지붕 아래서 살게 되었다. 우연만은 아닌 것 같았다. 인연인 것 같았다. 그 집에서 그의 호칭은 '삼촌'이었다. 그 집 아이와 주인아주머니가 그렇게 부르니 우리도 그렇게 불렀다. 나의 호칭은 '작은방 학생'이었다. 주인아주머니가 고향에서 온 소포 꾸러미를 들고 "작은방 학생!" 하고 부를 때가 제일 신이 났다.

중간을 훌쩍 넘는 키에 피부가 흰 편이고, 스포츠형 헤어스타일을 한 삼촌은 시골 사람 같지가 않았다. 오히려 눈꺼풀이 얇고 긴 눈에서 도시 남자의 예리함이 엿보였다. 두툼하지 않은 입술은 사근사근해 보였다. 그 입에서 나오는 언어는 어떤 음료수보다 감미로울 것만 같았다. 아침이 되어 방금 감고 나온 듯한 쭈뼛쭈뼛한 짧은 머리카락에 새 양복을 걸친 삼촌을 보면 푸른 광야를 달리는 준마처럼 보였다. 그 시대에 잘나가던 영화배우 누구를 닮았다는 생각도 들었다.

그는 항상 나보다 먼저 출근했다. 7시 반만 되면 "다녀오겠습니다" 하며, 오늘도 서울내기들과 한판 붙어 보겠다는 자신에 찬 목소리를 남기고 나갔다. 나도 10분 후면 하얀 깃에 허리를 잘록하게 맨 교복을 입고 집을 나섰다.

그렇게 며칠 지난 어느 날 아침이었다. 대문을 나서는

데 한 50미터 정도 떨어진 골목 끝자락에서 삼촌이 빙긋이 웃고 서 있었다. 나를 보자 오른손을 번쩍 들고 흔들었다. 나도 왼손을 번쩍 들고 흔들었다. 그러나 그건 마음뿐. 너무 기뻤다. 그리고 부끄러웠다. 얼굴이 점점 달아올랐고 걸어가는 다리도 따라서 후들거렸다. 겨우 가까이 갔을 때 삼촌이 말을 걸어왔다.

"같이 가아!"

나는 대답 대신 방긋 웃었다.

우리는 버스정류장까지 나란히 걸었다. 서로 입은 다물고 있었지만 두 사람 눈은 이렇게 말하고 있었다.

'우린 서로 좋아하고 있어.'

그날따라 사람들이 이상하게도 모두 가슴에 하트를 달고 걷는 것 같았다. 그들 모두 활기차고 행복해 보였다. 드디어 기다리던 버스가 왔다. 사람들은 버스를 타려고 몰려갔지만 우리는 천천히 마지막으로 탔다. 내가 버스에 오르려고 하자 삼촌이 내 잘록한 허리에 손을 얹고 살짝 밀어 주었다. 불과 몇 초에 지나지 않았으리라. 그런데 그 찰나에 일어난 일이 잊히지 않았다. 그 부드러움, 아니다, 그 강함, 그것도 아니다, 부드러우면서도 짜릿한 느낌은 학교에 가서도, 집에 왔을 때도 가시지 않았다. 삼촌의 손끝이 지문처럼 허리에 찍힌 것 같았다.

우리는 다음 날도 또 다음 날도 아침마다 골목 끝에서 만났다. 그리고 함께 걸었고 같이 버스를 탔다. 나는 삼촌 옆에서 조잘대기를 좋아했고 삼촌은 즐거워했다. 새 학교에 새 친구들 이야기를 했으며, 내가 경상도 사투리로 서울내기들 흉내를 낼 때는 아침부터 배꼽을 잡고 같이 웃었다. 날이 갈수록 우리는 친해졌다.

일요일이면 근처 대학교에 같이 놀러가곤 했다. 대학가 울타리에 노란 개나리꽃이 꼭 내 마음처럼 희망차게 보였다. 하얀 목련꽃이 피었을 때는 '사월의 노래'도 같이 불렀다. 그러나 집에서 마주치면 소 닭 보듯 했다. 한집 사람들조차 우리 둘 사이를 눈치채지 못했다.

어느덧 찬란했던 봄이 지나가고 있었다. 그날 아침도 여느 때와 같이 삼촌과 나는 집 앞에서 만났고 버스정류장으로 갔고 버스를 기다렸다. 그때 내 시야에 걸려든 환한 물체. 서 있던 사람들의 시선이 그쪽으로 쏠렸다. 뒤축이 뾰족한 하이힐을 신고 정장 투피스를 입은 아가씨였다. 그녀가 우리 앞으로 간들거리며 걸어오고 있었다. 삼촌을 쳐다

보는 눈길에 연분홍 복사꽃이 피어 있었다.

"어머, 미스타 김 아니세요! 이 동네 사세요?"

서울 말씨였다. 애교가 넘쳐 강둑을 넘을 것 같았다.

"아, 미스 정! 여기 웬일이세요?"

"저 이 동네로 이사 왔어요."

"언제요?"

"지난주에요."

같은 회사, 같은 부서 동료를 같은 동네에서 만난 것이었다. 두 사람은 얼싸안고 춤이라도 출 듯이 반색했다. 꼴불견이었다.

"어머나, 이건 예사 인연이 아니네요!"

여자는 자기 속마음을 길바닥에다 드러냈다. 삼촌은 행운이라고, 미스 정은 인연이라고 한 번 듣기도 거북한 말을 두 번씩이나 해댔다. 다행히 길거리에서 호들갑을 떠는 그 여자가 교양 없어 보여 씁쓸한 마음에 조금이나마 위로가 되기는 했다.

나는 촌닭처럼 둘에게서 슬슬 떨어져 나오고 있었다. 아니, 이상한 자장 같은 것이 나를 밀어내고 있었다. 우리 사이에 끼어든 미스 정은 어수룩한 데라곤 눈을 닦고 보아도 없어 보였다.

우리는 같이 버스를 탔다. 그런데 그날은 삼촌이 내 뒤에 서지 않았다. 그 여자 뒤에 선 것이었다. 아마도 그 여자가 탈 때 내게 했듯이 허리를 매너 있게 밀어 주었을지도 모른다.

처음에는 가슴속에서만 불이 붙기 시작했다. 그 불길이 나중에는 얼굴까지 옮겨 붙고 말았다. 당황스러웠다. 섭섭함과 난감함이 뒤섞인 얼굴로 창밖만 응시하고 있었다. 그 때처럼 눈 둘 곳이 없어 보기는 처음이었다.

잠시 후 삼촌이 말했다.

"조카예요. 시골에서 올라와 M여고에 다니고 있어요."

"어머. 그래요?"

아, 저 엄청난 거짓말! 그러나 거짓말하는 삼촌보다 그 말을 곧이듣는 미스 정이라는 여자가 더 얄미웠다. 딱 보면 알 걸, 서울 여자의 센스가 고장 났나 싶었다. 그때 그 여자를 향해 이렇게 부르짖고 싶었다.

'아니에요! 우린 삼촌, 조카 사이가 아니거든요….'

그러나 항변 대신 그 여자에게 바보같이 긍정의 미소만 짓고 말았다. 내 표정이 속마음을 배신하는 순간이었다.

나는 입을 다물었고, 먼저 내리면서도 인사를 하는 둥 마는 둥 했다. 나는 뒷전이고 미스 정에게 바싹 다가가던 삼촌이 플레이보이처럼 보였다.

그날 저녁 대문 앞에서 삼촌과 마주쳤다. 순간 몸이 경직되었다. 무어라 말을 걸려는 삼촌을 뒤로한 채 방으로 들어와 버렸다.

이튿날 아침 삼촌이 나가기 전에 먼저 가 버렸다. 자존심이 상하기도 했지만 나보다 세련된 그 여자와 비교 당하는 게 싫었기 때문이었다. 한편 그것이 내가 할 수 있는 복수라고 생각했다. 그날 이후 더욱 멋있게 변신해 가는 삼촌을 보고 죄 없는 입술만 잘근잘근 씹었다. 그리고 삼촌에게 눈길조차도 주지 않았다. 그 집을 떠날 때까지.

입술이 아프도록 깨물다가 문득 깨달은 한 생각! 그건 기필코 삼촌보다 더 멋진 남자를 만나겠다는 오기였다. 그 오기는 열심히 공부하여 일류 대학에 가는 길뿐이었다. 그때부터 공부에 전념할 수 있었다.

엄마의 명품지갑

소녀 시절 내가 살았던 곳은 기차역 부근이었다. 시골역 풍경은 어디나 그렇듯이 한적하고 쓸쓸하였다. 가을이 되어 코스모스가 하늘거리거나 드문드문 국화꽃이 피어 있을 때는 더욱 그랬다.

겨울이 한창 깊어 갈 무렵, 여느 때와 같이 엄마는 재봉틀 앞에, 나는 책상을 대신한 밥상 앞에 앉아 있었다. 그러나 바늘을 쥔 엄마의 손끝만 방에 있었을 뿐, 쓸쓸한 눈길은 언제나 바깥을 향하고 있었다. 밤이 깊으면 더욱 또렷이 들리는 기적 소리에 마음을 빼앗긴 엄마의 얼굴은 달빛처럼 은은할 뿐, 말이 없었다. 서울로 유학 간 당신의 장남이 그리워서일까?!

이제 며칠만 있으면 큰오빠가 온다고 했다. 딸 셋은 달력에 엄마가 쳐 놓은 빨간 동그라미가 있는 날을 학수고대했다. 그러나 엄마와 같이 순수한 그리움이 아니었다. 우리의 기다림은 엄마의 마음을 꾹꾹 눌러 차린 푸짐한 밥상에서 떨어지는 고물이었다. 엄마가 지칭하던 '쓸데없는 가시나들'의 밥상과는 격이 달랐으니까.

얻는 게 있으면 잃는 것도 있던가? 오빠 덕에 맛있는 것은 좀 먹었지만 며칠 후엔 먹은 값을 치러야 했다. 그동안 모인 시험지를 오빠한테 검사받아야 했고, 임시 가정교사는 매우 깐깐했고 냉정했다. 이제는 빨리 돌아갈 날만 기다렸다. 나는 속으로 오빠가 돌아갈 날에 빨간 동그라미 두 개를 쳤다.

드디어 그날이 왔다. 역으로 걸어가는 말쑥한 대학생 오빠의 뒷모습은 여중생이었던 내 눈에도 멋있어 보였다.

멀리서 시커멓게 달려오는 기차를 보던 엄마가 갑자기 굳게 잡고 있던 아들의 손을 놓고는 치마를 확 걷어올렸다. 마치 속옷 패션쇼를 하듯이. 오빠는 당황하였고, 우리들은 멍하니 쳐다만 보고 있었다. 치마 속 고쟁이가 부끄러운 듯이 나타났다. 꾀죄죄하기만 하든지, 얼룩얼룩한 무늬나 없든지, 주머니 줄이라도 맞춰 달든지! 게다가 주머니

윗부분은 지퍼 대신 손가락만 한 핀으로 꾹 잠겨 있었다. 그 주머니에서 내놓는 건 십 원짜리 지폐 몇 장이었다. 생각해 보면 요즘의 만 원짜리 몇 장 정도는 되는 것 같다. 아무튼 그 돈은 어쩔 줄 몰라 하는 오빠 손에 쥐어졌다.

"이거 가지고 있다가 배 곯지 말고, 디게 급할 때 쓰거래이. 비상금이다."

시종일관 엄마는 당당했다. 일그러진 오빠의 얼굴 앞에서도.

세월이 흘러 나도, 한 살 아래 여동생도 여고생이 되었다. 우리도 오빠와 같이 서울에서 공부하게 되었다. 세월이 저만치 흘렀는데도 엄마의 거침없는 행동은 변하지 않았다. 동생은 나와는 달리 성격이 매우 화통하고 외향적이었다. 그래서 가끔 엄마에게 대들 때도 있는 용기 있는 아이였다. 우리 둘이 겨울방학을 집에서 보내고 나란히 상경하는 날이었다.

"엄마, 줄 꺼 있으믄 지금 도오. 또 사람들 마이 있는데서 치마 걷어올리지 말고!"

내 속에 꽉 차 있던 불평을 동생이 대변하는 것이었다. 하지만 그럴 때마다 엄마는 말씀하셨다.

"없다. 다 죽는데 머가 있노. 인자 아무것도 없다."

나는 속으로 오늘은 정말 그런 행동을 하지 않으려나 보다 하고 안심하고 기차를 탔다. 그런데 이번에는 기차 안에 와서 치마를 걷어올리는 것이었다. 무대가 좁아서인지 엄마의 속옷에 스포트라이트가 집중되었다. 그때만 해도 시골에서 서울로 여고에 진학하는 일은 드물었기에, 우쭐한 나는 있는 멋 없는 멋 다 내어 폼 잡고 있는데 말이다. 어쩔 수 없이 엄마를 외면해 버렸다. 마치 남남인 것처럼.

그런데 동생은 눈을 치켜뜨고 엄마를 나무라고 있었다. 아마도 엄마는 그때 그 고쟁이 주머니를 명품지갑으로 착각하고 있었던 게 아닐까. 꼬질꼬질한 속옷을 당당하게 내보이던 우리 엄마. 가끔 그때 일을 생각하면 우습기도 하고, 엄마를 외면했던 일이 후회스럽기도 하다.

알뜰하고 악착같던 엄마였다. 엄마는 종갓집 종부셨다. 그 시대엔 지금보다 훨씬 힘든 며느리에다 종부의 삶이었지만 엄마는 불평 한마디 없이 잘 해내셨다.

여장부처럼 집안 대소가를 휘저으며 경영하시던 엄마 모습을 나는 기억한다. 그 와중에서도 밤잠을 줄여 가며 삯바느질까지 하셨다. 그렇게 번 돈은 주로 자식들의 용돈과 대소가의 어려운 친척들을 돕는 데 쓰고, 또 제수 음식을 더 풍족하게 장만하는 데도 쓰셨다.

한 푼 두 푼 모아 둔 지폐가 들어 있던 엄마의 명품지갑은 우리들이 서울로 떠날 때마다 아낌없이 열리곤 했다. 그러나 정작 당신을 위해서는 아무리 배가 고파도 허리띠를 졸라매망정 그 지갑은 열지 않으셨다.

아낌없이 내놓는 돈에는 빠짐없이 옵션도 따라다녔다. '공부 열심히 하고' '집에 일찍 들어가고' '너거끼리 싸우지 말고' '편지 자주 쓰라'는 것이었다.

나의 첫 감전사고

대학 졸업장을 받기 무섭게 포항으로 내려왔다. 사범대학을 나온 나는 학교에 발령을 받았고 여중 선생님이 된다는 꿈에 부풀어 있었다. 하지만 빨리 시집을 보내겠다는 부모님의 성화에 못 이겨 오랫동안 품어 온 꿈은 애석하게도 접어야 했다.

집에 온 지 보름 만에 첫선을 봤다. 더 정확하게 말하자면 선을 본 것이 아니고 선을 보인 것이다. 처녀 총각이 서로 마주 보며 만나는 게 맞선인데 그날 총각은 그 자리에 없었다. 시어머님 되실 분과 시고모님, 중매쟁이 세 분뿐이었다. 부산에서 포항으로 며느릿감 겸 종부 감을 선보러 온 것이다. 나중에야 알게 된 일이지만 시아버님까지 오셔서 먼발치에서 나를 심사하고 가셨단다.

며칠 지나자 합격 통보가 왔다. 몇 점인지는 몰라도 세 시어른 되실 분들의 점수를 합산한 결과는 합격점이었다고 했다. 가장 영향력을 미칠 시어머님의 점수가 제일 높았다는 말을 할 때는 중매쟁이의 목에 힘이 잔뜩 들어가 보였다.

나는 당장 경주에서 양장점을 하는 외사촌 올케언니를 찾아갔다. 총각을 만날 때 입을 옷을 맞추기 위해서였지만 그보다 만만한 언니한테 첫선 본 이야기를 은근히 자랑하고 싶어서였다. 부잣집이고 자가용도 있다는 말을 강조했다. 종부니 맏며느리니 하는 말은 슬쩍 무늬만 말했다. 그런데도 어찌 알았는지 올케언니는 종부는 고사하고 맏며느리도 힘든 자리라고 극구 말리는 것이었다.

"애기씨가 뭐가 부족해서 그런 집에 시집 갈라카노? 내가 양장점을 십 년 넘게 하면서 느낀 건데, 맏며느리들 옷 맞출 때 지 맘대로 하는 사람 못 봤데이. 색깔이며 디자인이며 지 옷 맞추면서 시어른들 식미에 맞추더라카이."

올케언니 말이 좀 과장되었다 해도 옷을 좋아하는 나로서는 충격이 컸다.

"그것 뿐이 아이데이. 처녀 때 잘나가던 아가씨도 맏이로 시집가더니 얼굴에 궁상이 줄줄 흐르더라."

짓고 있던 화려한 궁전이 소리 없이 무너지고 있었다.

"부자면 뭐하노, 마음이 편해야지."

올케언니가 마지막으로 한 말이 총알처럼 가슴에 와 박혔다. 이어서 갈등이 몰려왔다. 그러나 부모님의 완강한 뜻을 팍 꺾어 버릴 수는 없었다. 엄마는 또 이런 말로 흔들리는 나를 설득시키셨다.

"용 꼬리보다는 뱀 머리가 낫데이."

하기사 나도 꼬리는 되기 싫었고 힘이 들더라도 머리가 되고 싶었다. 또 내 눈에는 종부인 엄마의 마음고생보다는 아랫동서들 거느리고 대장 노릇하는 모습이 근사해 보였다.

얼마 후 미래의 신랑감을 처음 만난 것은 사월 어느 날이었다. 겨우내 얼었던 땅이 부드럽게 녹고 꽃은 제각각의 모양과 색으로 경쟁하듯 피어올랐다. 20대 초반 내 인생도 그해 봄날처럼 봉긋봉긋 피어오르기 시작했다. 지금 생각해 보면 그해의 봄만큼 나를 설레게 했던 기억은 없다. 그때만큼 웃음이 헤픈 적도 없었다. 그때만큼 하늘하늘한 원피스가 잘 어울리던 적도 없었던 것 같다.

몸이 단 중매쟁이는 나비의 바쁜 상황을 미주알고주알 설명하면서 꽃이 나비를 찾아가 주기를 권했다. 엄마까지 부산 외오촌 아저씨 댁에 놀러가라고 은근히 등을 떠밀었다. 그러나 한가한 꽃이 나비를 찾아가기로 마음먹은 것은 나비가 궁금해서 마냥 기다릴 수 없었기 때문이었다.

처음 맞선 본 장소는 서면에 있는 고려당 빵집이었다. 계절은 4월이라지만 꽃샘바람이 차가웠다. 그래도 나는 경주에서 맞춘 실크 원피스를 입고 나갔다. 짙은 연두색 바탕에 하얀 풀꽃무늬가 촘촘히 박힌 옷이었다. 라운드형 목선에 허리는 잘록했고 허리 아래는 세미플레어에, 치마 길이는 한창 유행하던 미니였다. 그 옷을 입었을 때 콩닥거리는 내 마음처럼 원피스의 풀꽃이 팔랑거렸다.

부산 지리에 어두운 나를 두 살 아래 6촌 여동생이 빵집까지 데려다 주었다. 우리는 정한 시간보다 먼저 도착했다. 동생은 내 시아버님이 그랬던 것처럼 먼발치에서 총각을 심사하기로 했다.

조금 있으니 다리가 긴 총각이 들어왔다. 나는 알아차렸다. 그도 첫눈에 나를 알아보는 것 같았다. 첫인상이 당당했다. 죽죽 뻗은 미루나무 같았다. 그런데 그 나무가 좀 건들거리는 것같이 보였다. 인사를 할 때 그의 서글서글한 눈망울에 마음 한편은 사로잡혔는데 나머지 한편은 잡히지 않았다. '건달'과 연관된 건들거림 때문이었다. 그날 무슨 이야기를 했는지는 조금도 생각이 나질 않는다. 하지만 고장난 레코드판처럼 이 한마디는 계속 들려오고 있었다.

"눈이 참 아름다우시군요."

이틀 지나서 두 번째 만났다. 처음 만났을 때와는 좀 달랐다. 얘기를 할수록 진중하다고 생각되었다. 건달하고는 거리가 멀다는 생각이 들기 시작했다. 자신의 포부를 말했을 때, 내 마음이 이미 그 사람 쪽으로 기울고 있음을 느꼈다. 그는 컸다. 키도 컸고 눈도 컸고 포부도 컸다.

우리는 저녁을 먹으러 갔다. 뭘 좋아하느냐고 나에게 물었다. 다 잘 먹는다고 했다. 그러면 보신탕이 어떠냐고 했다. 나는 그때까지 보신탕이 어떤 음식인지 몰랐다. 몸을 보신하는 음식이겠거니 생각했다. 외가에 돌아와서 보신탕을 먹었다고 했더니 그런 걸 먹는 처자가 어디 있느냐고 모두들 황당해했다. 두 번 만난 처녀한테 보신탕 먹이는 총각이나 좋다고 따라가는 처녀나 수준이 거의 비등했다. 이런 걸 천생연분이라 하는가?

세 번째 만났다. 두 번은 서로 마주 보고 앉았는데 세 번째는 나란히 걸었다. 다른 연인들처럼 손을 잡거나 팔짱은 끼지 않았지만 앞보다는 옆이 더 가깝게 느껴졌다. 그러나 두 사람 사이에는 일정한 간격이 유지되고 있었다. 예의가 깍듯해서 그런지 용기가 없어서 그런지 그는 간격을 좁히지를 못했다. 내가 입은 치맛자락만 봄바람에 경계선을 넘나들며 풀 먹인 삼베처럼 뻣뻣한 그를 자극하는 것 같았다. 그러나 그의 눈빛만은 용감했다. 나를 향한 큐피드의 화살을 연신 발사하고 있었다.

그날도 다른 날과 같이 외가까지 바래다주었다. 집 앞에서 헤어져야 했다. 인사를 하고 돌아서려는데 내 손에 그의 손이 덮쳐 왔다. 슬쩍 잡으려다가 내가 너무 놀라는 바람에 얼떨결에 놓아 버리는 것이었다. 순식간에 얼굴에 불길이 스쳤고 온몸이 전기 충격을 입은 것같이 찌릿찌릿했다. 그의 얼굴도 빨개졌다. 목덜미가 붉은 머플러를 두른 것 같았다. 우리 둘의 첫 스킨십이었다. 그 이후로 수없이 손을 잡았지만 그때만큼 볼트 수가 높은 전류는 흐르지 않았다.

세월이 흐르면서 전류의 세기는 점점 약해져 갔다. 결혼

수십 년이 지난 요사이는 그것마저도 흐르지 않는다. 그 뿐이 아니다. 희미한 옛사랑의 그림자처럼 눈빛도 점점 사위어 가고 있다.

이제, 처음 그 사람 손이 스쳤을 때의 감전사고 같은 충격은 더 이상 기대할 수는 없을 것이다. 하지만 그때를 생각하는 순간만은 난 아직도 스물네 살로 돌아간다. 그리하여 그 숱한 세월에도 녹슬지 않고 반짝이는 한마디 말이 귓가를 맴돈다.

"눈이 참 아름다우시군요."

새색시 회가回家 가던 날

1971년, 마거리트 꽃으로 장식한 화관을 쓰고 6월의 신부가 되었다.

그날로부터 스무 날쯤 지나자 시댁 고향인 앞실 마을로 회가를 갔다. 다홍치마, 초록저고리를 곱게 차려 입은 나와 시어머님을 태운 지프가 달리기 시작했다. 도시인 부산과 경주를 벗어나니 울퉁불퉁한 길이 색시 엉덩이를 들썩였고, 초여름 훈풍은 새색시 저고리 앞섶까지 들쑤셔 놓았다. 신랑을 대신해 옆자리에 앉으신 시어머니는 사뭇 흐뭇해하는 눈치셨으나 나는 문득문득 허전했다. 같이 못 온 신랑이 원망스러웠고 둘을 떼어놓은 시부모님이 야속했다.

고향에서 여중을 마치고 8년의 긴 세월을 부모님과 떨어져서 살았다. 공부를 마치고 고향으로 돌아왔지만 또

넉 달 만에 남의 집 며느리가 되어 부모형제를 떠나야만 했다. 아련한 그리움과 객지 생활의 서러움으로 내 가슴은 군데군데 얼룩져 있었다. 그러나 신록이 무성한 산과 들, 한가히 햇볕을 쬐고 있는 물오른 벼를 바라보니 여유, 자유, 풍요가 물안개처럼 피어올랐다.

유년 시절 잠깐 살았던 안강읍을 지날 때는 들판의 벼가 추억처럼 물결쳤다. 안강을 지나자 곧 단구리라는 이정표가 보였고 금방 고향 마을 어귀였다. 앞실이란 곳이었다. 저만치 앞에 빨간 접시꽃이 활짝 웃고 있었다. 자동차 소리에 미리 나와 있던 개들이 왕왕 짖어댔다.

"저 집이 우리 집이란다."

시어머님 손끝에 덩그런 기와집이 목을 빼고 있었다. 대문으로 막 들어서는데 마당 한쪽 외양간에서도 소가 목을 빼며 음~메 하고 나를 반겼다. 왕방울만 한 눈을 껌벅껌벅하는 것이 우리를 보고 하는 눈인사 같았다.

정면에 한일자로 지어진 안채는 퇴락해 보였다. 8대조 할아버님 때부터 대대로 기거하신 200년 넘는 유서 깊은 고택이랬다. 문살에 창호지를 바른 여닫이 방문 고리에 조상님의 손때가 곱게 묻어 있었다. 왼쪽 끝에 얼기설기 맞춰서 만든 정지문이 보였다. 조심스레 당겨 보았다. 흙으로 된 정지 바닥이 파도처럼 울룩불룩했다. 너무 낮아 허리를 반으로 접어도 손이 닿지 않을 듯한 시멘트 부뚜막은 동화책 속의 꼬부랑 할머니를 떠올리게 했다.

안채 뒤편에는 울타리 대신 대나무가 촘촘했고, 설렁설렁 바람에 댓잎이 기와 위에 풍죽도를 치니, 졸라맨 새색시 치마 말기 속에 번진 땀이 절로 사라졌다.

고향 어른들이 안채 마루에 정좌하셨고, 새색시는 앞앞이 절을 올리는 의식을 치렀다. 시어머님이 일일이 소개해 주셨다. 누가 누군지 구별이 안 되었으나 "네" 하고 아는 듯이 대답했다.

사랑채 마루로 들어섰다. 눈에 가장 잘 띄는 정면 벽에 시조부님 초상화가 걸려 있었다.

'니가 누고?'

근엄하게 묻고 계셨다.

'할아버님의 장손 경호 씨 색시입니다.'

나붓이 인사드렸더니 묵직하게 다문 입이 빙그레 열리는 듯했다.

'너는 손씨 가문의 8대 종부로 이 집안을 이끌어 가야 할 중한 책임을 지닌 사람이며, 우리 가풍의 첫째로 꼽는 효도와 우애의 소중함을 가슴 깊이 새겨 두라'는 의미 같았다.

유월의 금빛 해는 저물어 가고, 황혼이 물든 마을은 그곳 사람들의 눈빛처럼 포근하였다. 나는 그 가운데 서서 새롭게 시작되는 나의 인생을 가슴 벅차게 준비했다.

밤이 이슥해지자 몰래 우물가로 나왔다. 조그만 우물 속엔 하늘을 몽땅 옮겨다 놓은 듯 달님, 별님이 꽉 차 있고 친정 엄마까지 와 있었다. "엄마~아!" 하고 불러 보았지만 대답은 없고, 대신 귀가 따갑도록 들었던 말만 우물 속에서부터 우렁우렁 울려 나왔다.

"밥거럭에 붙은 밥알 깨끗이 떼 무래이."

"하루에 낯을 멧뿌이나 씩노? 사분 닳는데이."

"니 서방 등골 빼먹을라카나."

딸이 얼마나 염려스러웠으면 여기까지 오셨을까. 평소 잔소리 많고 극성맞은 엄마라고 생각했지만, 그날만은 그 모든 것이 지극정성으로 느껴졌다.

"니 남편이 왕이 돼야 니가 왕비가 되는 기라. 내 말 맹심하고 내조 잘 하거래이."

눈만 마주치면 하던 잔소리가 그날 밤은 하늘의 별이 되어 반짝거렸다. 또 하나의 큰 별이 섬광처럼 빛났다. 낮에 들었던 사진 속 시조부님의 말씀이었다.

'꼭 할아버님 유지 받들어 남편과 함께 손씨 가문을 빛낼 수 있도록 최선을 다하겠습니다.'

다시 한 번 시조부님께 약속드리며 인생사에 길이 기억될 회가 날은 그렇게 막을 내리고 있었다.

2 밥값은 해야제

밥값은 해야제

50원의 전설

아버님 사랑이 태산이라면

잡상인 출입금지법

엄마니까

옛날 그 동생이 아니었다

동화책에 나오는 외할머니는

밥값은 해야제

인생 1막이 끝나고 2막 1장이 열리려는 때였다. 친정 엄마는 새로운 무대에 오르는 딸을 염려했지만 나는 좋기만 했다. 그곳은 구질구질한 엄마 잔소리 대신 백마 탄 낭군의 다정한 목소리와 애정 넘치는 눈빛만이 있을 거라는 생각에 스물넷 처녀 가슴은 터져 나갈 듯했다.

새 무대는 내가 꿈꾸던 그런 곳이었다. 한옥 안채와 양옥 사랑채의 기역자 두 건물에, 앞에는 정원, 연못, 등꽃나무가 있고, 옆에는 곳간이, 곳간 뒤편으로 우물과 감나무가 있었다. 입을 무대의상은 한복이었다.

시집온 그날부터 유월이 지나가고, 칠팔월 삼복더위도 넘기고, 그해가 다 가도록 벗지 않았다. 그건 생고사로 깨끼 바느질을 한 치마저고리를 입고 나가면 보는 사람마다

"아이고 이뻐라, 철개이 날개 같데이" 하는 말 때문이었으리라.

그 말을 들을 때마다 내가 입은 한복이 정말 천사의 날개처럼 느껴졌다. 하얀 버선과 앞이 뾰족한 코고무신과 옥양목 앞치마는 모두 그 날개를 돋보이게 해 주었다. 머리 모양은 뒷목을 다 드러낸 올림머리였다. 관객의 시선이 시샘하듯 그곳으로 모여들었다. 관객 중에는 연못 속을 한가롭게 유영하며 시를 적기도, 또는 흘금흘금 새 사람을 훔쳐보기도 하는 금붕어 은붕어는 물론, 연못 주변을 사색에 잠겨 걸어 다니는 잘생긴 개도 있었다.

주 등장인물 중 시부모님이 "애야" 하고 며느리를 부르시면 여덟 폭 치마꼬리만 살푼 걷어쥐고 사뿐사뿐 걸어가서 머리를 조아렸다. 여고생 시누이가 "새언니" 하고 부를 때는 말끝에 고물 묻을세라 치마 싸잡아쥐고 '곱단이'처럼 달려갔다. 막내 시동생은 까까머리 중학생이었다. 새 형수를 어찌나 좋아하던지, 구슬 같은 땀을 흘려가며 긴 대청마루를 닦아 줄 때도 있었다. 그런 시동생이 "형수요" 하고 수줍어하는 목소리로 부르면 마음은 두둥실 구름이 되고, 몸은 날쌘돌이가 되어 치마 버쩍 쳐들고 단숨에 갔다.

그러는 내가 드라마에 나오는 조선 시대 어느 양반댁 며느리 같다는 생각이 들었다. 나이 어린 시누, 시동생한테 깍듯이 "예" "예" 할 때는 더욱 그랬다. 걸을 때마다 사각사각 치맛자락 스치는 소리는 품위와 절도가 있었다. 별당마님처럼 생각되었다. 그렇게 나는 매일 드라마의 주인공이 되곤 했다.

발칙한 연기도 해 보았다. 버선발로 긴 대청마루를 거닐며 있지도 않은 하인들을 댓돌 밑에, 마당 한가운데 일렬로 세워 놓고 집안일을 지시하였다. 입은 한일자로 다물고, 허리를 꼿꼿이 세우고, 매몰찬 눈빛으로 그들을 압도했다. 평소의 다소곳한 모습과는 천양지차였다. 치자빛 고운 저고리 속에는 허영심이 가득했다. 그러나 그 오만방자한 허영이 사라지는 데는 그리 오래 걸리지 않았다.

그날도 낮시간을 바삐 보내고 밤이 되어서야 서방님을 만났다. 멈추고 싶은 시간은 여름 소나기처럼 짧았다. 다리와 팔오금에 밤송이 같은 땀띠가 겨우 잠들었나 싶으면 벌써 창밖은 희끗희끗 밝아왔다. 이불로 눈은 가려보지만 돋는 해를 어찌할 순 없었다. 그때쯤이면 밖에서 영락없이 들리는 소리.

"순자야."

나지막하나 무게가 실린 시어머님의 목소리. 분명 심부름하는 애 이름인데 왜 내 가슴에서 북소리가 나는지 모를 일이었다.

'쿵, 쿵.'

깊게 잠든 척할 수밖에 없었다.

"자야~"

이번에는 '순' 자를 생략했다. 힘이 들어간 '야' 자가 공중으로 흩어지더니 마지막에 내 귀에 와서 웽웽거렸다. 균열된 벽돌처럼 불안정한 목소리는 친정 엄마가 늦잠 자는 나를 깨울 때 내던 음색과 흡사했다. 찰떡같이 붙었던 신랑을 인정사정없이 떼어 냈다.

새벽 공기가 신랑의 입맞춤처럼 감미로웠다. 신새벽 새며느리를 대하는 시어머님의 눈길이 비단결 같았다. 어릴 적 내 머리를 쓰다듬어 주시던 엄마 손길 같았다. 일 년이 지난 후, 나도 내 아기를 그렇게 바라보았다.

문득 시어머님 앞에 있는 물건에 눈이 갔다. 며칠 전부터 버리려고 작정했던 황토로 만든 연탄불 뚜껑이었다. 중간에 금이 가서 갈라지기 직전이었고, 아궁이를 덮고 열 때

거는 고리마저 겨우 붙어 있어 당장 버려도 아깝지 않을 정도였다. 어머님은 시멘트 부뚜막에 웅크리고 앉아서 금이 간 양쪽을 철사로 옭아매시는 중이었다. 달랑거리는 고리도 실한 철사로 바꾸셨다. 수리된 뚜껑은 새것처럼 보였다. 그러고는 혼잣말처럼 하셨다.

"밥값은 해야제."

그 말을 듣는 순간 가만히 있던 머리가 땅에 떨어졌다. 죄목이 무언지는 잘 몰랐다. 그러면서도 속으로는 항변하고 있었다.

'부잣집 사모님께서 비싼 물건도 아닌 고작 깨진 연탄불 뚜껑이나 고치다니, 그것도 밥값을 하기 위해서라고….'

숙인 머리 밑으로 실망과 불만이 수북이 쌓였다. 한편 같은 여자로서 연민의 정 같은 게 아련히 스쳤다. 시어머님의 몸은 정상이 아니셨다. 한쪽 다리 절반 이상을 잘라낸 불구셨다. 아들딸 6남매와 당신 내외, 장정 같은 시동생 둘 모두 열 명 식솔들의 먹거리, 입을거리를 해 대느라 자식 여섯 낳고도 산후조리는커녕 손에 물 마를 날이 없었단다. 무리한 가사노동은 병을 가져왔고, 처음에는 관절염이었으나 점점 깊어져 암이 되었다고 한다. 다른 곳에

전이될까 봐 결국은 잘라내기까지 하셨다. 생각이 한달음에 거기까지 갔다. 버선발 위로 난무하던 실망, 불만은 온데간데없고 대신 죄송한 마음만 안절부절못했다.

'저 몸으로 가만히 계셔도 힘드실 텐데….'

'이때까지 하신 일만 해도 당신 생전의 밥값은 하고도 남을 텐데….'

귀동냥으로 들은 시부모님의 파란만장했던 세월이 영상처럼 돌아가고 있었다. 시아버님께서는 한 집안의 종손으로서, 집안의 경제적 기반을 닦기 위하여 고향의 농토를 부모님께 맡기고 먼저 도회지 부산으로 가셨다. 남편의 내조와 자식 공부를 위해 시어머님도 곧 뒤따르셨나.

시아버님이 처음 시작하신 사업은 연탄을 한 장 한 장 손으로 만들어 내는 가내공업이었다. 한 분은 바깥에서, 한 분은 안에서 온전히 맨몸으로 싸우셨던 것이다. 시어머님은 원래 많은 식구에다 새로 불어난 직공들의 먹는 것은 물론이고, 시커먼 연탄가루로 칠갑된 옷까지 빨아 대셨으니….

나는 그분 앞에서 몹시 부끄러웠다. 얼른 앞치마 밑으로 내 손을 숨겼다. 저고리 속의 허영심을 숨기기라도 하듯이.

시어머님은 목발을 한쪽 겨드랑이에 끼우고 말없이 그 자리를 뜨셨다. 한 여인의 뒷모습은 쓸쓸해 보였다. 그 후 다섯 달 뒤에 시어머님은 세상을 떠나셨다. 관절에 생겼던 암이 결국 폐로 번진 것이었다. 그날은 시집왔을 때 만발했던 등꽃도 시들어 버렸다. 연못의 붕어들도 시를 쓰지 않았다. 마당의 개도 웅크리고 앉아 있었다. 온 천지가 아득하였다.

그때서야 시어머님의 예사롭지 않던 일거일동이 어렴풋이 이해되었다. 53세의 시어머님은 시한부 인생을 살고 계셨던 것이다. 부랴부랴 당신 뒤를 이을 종부를 들여놓으시고는 천방지축 철딱서니를 남들한테 칭찬 듣는 종부로 만들고자 긴긴 오뉴월 하루해를 다 보내셨다. '백문이 불여일견'이라, 몸소 행동으로 가르치시려고 했던 것이다. 불편한 몸이었지만 한 번도 흐트러짐 없는 모습은 아녀자의 몸가짐에 대한 가르침이었고, 의족을 한 다리를 쭉 뻗고 앉은뱅이 재봉틀 앞에서 바느질 하시던 모습은 좋은 것, 편한 것만 갈구하던 젊은 며느리에게 어려움을 극복해 내는 의지력을 가르치고자 했을 것이다.

며느리에게 하는 꾸지람도 옆에 있는 당신 딸이나 순자

를 야단쳐서 알아듣게 하셨다. 그것은 친정 엄마가 맞대놓고 하던 야단과는 달랐다. 그 어디에도 걸리지 않았다. 바람처럼 귀로, 눈으로, 머리로 속속 들어왔다.

시어머님은 병세가 날로 악화되어 고통이 점점 심해지는 와중에도 통증이 잦아지는 틈을 타서 내 손을 꼭 잡으셨다. 세상에 둘도 없는 인자하신 모습이었다. 양동 마을 대종가 사랑채에 걸린, 하루에 참을 인忍 자 백 번을 쓰며 인내를 기른다는 서백당書百堂 현판 이야기를 들려주시며 종부의 덕목으로 참을 인 자가 으뜸이라 하셨다. 종가를 찾는 대소가 친인척들, 어른 아이 모두에게 친절해야 한다고 하셨다. 특히 살림이 어려운 친척들에겐 더욱 마음을 써서 혹여 섭섭한 생각이 들지 않도록 해야 한다고 당부하셨다.

시어머님 병문안에다 새 며느리를 보러 오는 사람들까지 당시 시댁은 나날이 문전성시를 이루고 있었다. 그중에는 가난한 이들도 많았다. 그들에게 아낌없이 퍼주시던 시어머님 모습은 두고두고 잊히지 않는다.

"사람이 눈을 떴으면 눈 뜬 값을 해야 하고, 밥을 먹었으면 밥값을 해야제."

"멀쩡한 사지를 놀리는 건 죄를 짓는 것이제."

많은 뜻이 함축된 이 말은 살아가면서 차근차근 가르쳐야 할 것들이었다. 비록 같이 있는 시간은 몇 달밖에 안 되었지만 그 간에 나에게 심어 준 교훈은 40년이 넘도록 인생 지침서가 되어 왔다. 그때의 별 모양으로 옮아매신 연탄불 뚜껑과 혼잣말처럼 하던 말씀은 내 가슴에 지금도 총총히 박혀 있다.

"밥값은 해야제."

50원의 전설

스물네 살 형수와 다섯 살 사촌시동생은 시댁인 수안동 집에서 처음 만났다. 그날은 음력 6월, 제삿날이었다. 그해 양력 6월에 결혼한 나는 아직 새색시였고 모든 것이 새롭고 낯설고 어색했다. 하지만 시댁은 제2의 인생이 시작되는 소중한 곳이기에 그곳 사람들은 물론, 그 집에 살고 있는 개, 물고기, 풀 한 포기까지도 허투루 대하지 않았다. 내가 만나는 모든 것들이 설레게 했다.

그날도 새 며느리, 새 질부, 새 형수, 새 올케언니라는 여러 개의 이름표를 달고 코고무신이 땅에 닿을 새가 없이 종종걸음쳤다. 아침밥을 먹고 얼마 지나지 않아 시숙모님들이 어린 아들딸들을 데리고 종가인 시댁에 제수를 장만하기 위하여 오셨다. 경주에 사는 작은어머님은 자주는 못 오셨고, 같은 부산에 사는 셋째, 넷째 숙모님들은 제삿날이면 빠지지 않고 오셨다. 숙모님들은 갓 시집온 종부를 귀하게 여겼고 항상 따뜻하게 대해 주셨다.

그때 시숙모님들의 따뜻한 마음이 아직도 아련하게 느껴진다. 여름 땡볕에 연탄불을 피우고 전을 부치던 내가 안쓰러웠던지 기어이 당신이 대신 해 주시던 막내 숙모님은 지금도 잊을 수가 없다.

숙모님들과 같이 온 어린 시누이들은 "새언니, 새언니" 하며 내 뒤를 졸졸 따라다녔다. 마치 스타를 쫓아다니는 꼬마 팬들 같았다. 한복을 차려입은 새언니가 어린 시누이들 눈에는 그렇게 예뻐 보였던가. 또 신혼방에 들어가서 하늘하늘한 잠옷과 화장대에 진열된 화장품을 호기심 가득한 눈빛으로 만져보고 뒤져보고 신기해했다. 나이 차이야 많이 났지만 급수는 동급이어서 우리가 빨리 정들었는지도 모른다.

음력 6월 중순쯤 되면 학교도 여름방학이라 제사 때는 초등학교에 다니는 사촌시누이들도 일찍부터 큰집에 모였다. 또 중학생이던 시동생들도 고등학생 시누이도 별 어려움 없이 참석했다. 제사 때는 자손들이 다 모이길 바랐던 종손이신 시아버님의 뜻이기도 했다. 초등학생 이하 사촌끼리만 모여도 예닐곱 명이나 되니 유치원 한 반이었다. 넓은 마당, 그늘을 지어 주는 등나무가 있는 우리 집은 그들의 야외 공연장이나 진배없었다. 제삿날이라 음식도 풍성하였고, 무엇보다 구성원 연령이 서너 살부터 열 살 아래여서 잘 어울려 놀았다.

사촌을 만난 꼬마들은 만나기 무섭게 말주머니를 풀어놓고 조잘대기 시작했다. 뒤뜰 감나무의 참새도 무리지어 조잘댔다. 마당의 개도 왔다 갔다 덩달아 바빴다. 부엌에서는 전 부치는 소리가 지글지글했다. 아마 돌아가신 조상님이 미리 오신다 해도 잔칫집 같은 그 분위기를 좋아했을 것 같았다.

음력 6월에 제사가 세 번 있는데 그날은 두 번째, 아니면 세 번째였을 거다. 왜냐하면 처음 만났을 때보다는 정이 좀 들었을 테니까. 언젠가 사촌시동생한테서 들은 이야기다. 그날 내가 다섯 살짜리 시동생에게 돈 50원을 쥐어 주었다고 한다. 그날 기억이 어렴풋하지만 그때 상황을 재구성해 보면 이러했지 싶다. 옹기종기 모여 놀고 있는 은주, 낭교, 미경, 정아, 민정이 다섯 시누이들은 모두 따돌리고 그중 청일점인 '덕호' 도련님만 불러내어 행주치마에 숨겨 온 돈을 꺼내 몰래 쥐어 주었다.

"도련님, 이거 받으세요."

뜻밖의 호의에 당황했을 꼬마의 표정. 그 표정을 바라보는 나. 두 사람은 똑같이 얼굴을 붉혔을 것이다. 지금 생각해 보면 꼬마 도련님이 너무 귀여워서 뭔가 주고 싶은 마음 때문이었을 것 같다. 아무튼 꼬마 도련님이 쑥스러워했을 모습이 눈앞에 선하게 그려진다.

꼬마 도련님은 새 형수에게서 받은 돈으로 몽땅 딱지를 샀다고 한다. 과자를 사 먹을 줄 알았는데…. 그 시절 그 또래들에게는 딱지 많이 가진 사람이 최고로 폼을 잡았단다. 주머니마다 딱지를 꾹꾹 채워 넣고 친구들 앞에 나타났을 도련님. 어린아이 같지 않게 점잖고 말수가 적었던 도련님은 말 대신 쌍꺼풀진 큰 눈을 껌벅이며 빵빵한 주머니를 툭툭 쳐 보이며 자랑했을 것이다. 그때 친구들의 부러워하는 총총한 눈망울은 우리 도련님을 우쭐하게 만들었을 것이고, 돈을 준 고마운 새 형수 얼굴도 퍼뜩 떠올렸지 싶다. 어질고 정이 많던 도련님은 밑천마저 다 털리고 기죽어 있는 친구에게 "자 이거, 니 해라" 하며 딱지

한 주먹을 쥐어 주는 아량도 베풀었을 게다.

나는 까맣게 잊고 있었는데 그 일을 아직도 기억하고 두고두고 고마워할 뿐만 아니라 아내와 아들에게까지 자랑삼아 말한 모양이다. 50년 세월 동안에 새색시였던 나는 다 늙어 버렸는데 그 돈 50원은 세월도 비켜 갔는지, 여전히 나를 스물넷 새색시로, 시동생을 다섯 살 꼬마로 남겨 두었다. 그 50원이 싹을 틔워 아름다운 전설이 되어 그 시절의 추억과 함께 빛나고 있다.

시댁이었던 '부산시 동래구 수안동 391번지'. 그곳에서 뛰놀던 꼬마 시동생과 어린 시누이들의 상글상글한 얼굴이 봄날의 벚꽃처럼 흩날린다. 내 인생의 가장 아름다웠던 그때, 그 시절을 떠올리게 해 준 도련님께, 아니 서방님께 이제는 내가 고맙다는 말을 해야겠다.

"서방님, 고맙습니다."

아버님 사랑이 태산이라면

녹음이 짙어 가는 계절에 시집을 갔다. 그 녹음이 붉게 물들었다가 한 잎 두 잎 떨어질 무렵 시어머님이 기어이 세상을 떠나셨다. 천방지축 뛰어다닐 나이에 결혼한 것도 힘든데 종갓집 안주인이 되었다. 게다가 이듬해는 아기까지 태어났다. 새색시 노릇도 겨우 하는 형편에. 나어린 우리야 철딱서니 없어 그랬다지만 연로하신 삼신할매도 철이 없기는 마찬가지였다.

안주인으로서, 엄마로서 해야 할 일을 앞에 둔 나는 시골 촌놈이 도시 빌딩 앞에 섰을 때처럼 어리버리했다. 시누이한테 묻고, 남편한테 묻고, '달님'한테도 물어야 했다. 시행착오를 밥 먹듯이 했다. 아기는 반은 눈물로 키웠다.

시아버님이 새장가를 가셨다. 안주인 자리가 서산에 해

넘어가듯 새 시어머니께 저절로 넘어갔다. 우리도 딸을 데리고 자연스럽게 분가를 했다. 모든 것은 물 흐르듯 흘러갔지만 내 안의 강물만 유유하지 못했다. 새 며느리와 새 시어머니와의 관계는 서먹서먹하기만 했고, 그러기에 해마다 오는 봄마저 낯설었다.

신혼살림이 다 그렇겠지만 분가한 집은 시댁에 비하면 없는 것이 많았다. 내가 가장 좋아하는 색, 하고 싶은 말을 속으로 삼키는 색, 그 보라색 등꽃과 라일락이 우리 집에는 없었다. 사시사철 연못 속에 갇힌 물고기가 종가에 갇힌 내 처지와 닮아 위로받곤 했는데, 그런 연못도 없었다. 달 밝은 밤 들여다보면 달과 함께 친정 엄마가 떠오르던 우물도 우리 집엔 없었다. 하지만 나에게는 우리끼리만 사는 그 집이 천하에 부러울 것 없는 왕궁처럼 느껴졌다.

우리의 왕궁은 양철 지붕이었다. 대가족 틈바구니에서, 기세등등한 기와 밑에서 주눅 들었던 마음이 하루아침에 양철처럼 가벼워졌다. 조용조용 내던 목소리도 양철 위를 구르는 빗방울같이 통통 튀어 나왔다. 그곳은 새댁이 입을 대자로 벌려 웃을 수도, 느긋하게 낮잠을 잘 수도 있는 곳이었다. 그보다 더 좋았던 것은 남편이 출근할 때 눈치

보지 않고 대문까지 따라 나갈 수 있었던 것, 그래서 아침마다 다정하게 배웅할 수 있었던 것, 그것이었다.

우리의 왕궁은 마당이 넓지 않았다. 세로로 길기만 했다. 우리는 병정처럼 줄서서 걸어 다녔다. 꽃들도 담장 밑에 한 줄로 서 있었다. 해바라기도, 맨드라미도, 분꽃도. 담을 휘감고 피어 있는 나팔꽃은 다른 꽃의 들러리 같아 보였지만, 어찌 보면 서 있는 꽃이 나팔꽃의 들러리같이도 보였다.

같이 있어 서로 상대를 돋보이게 해 주는 건 꽃만이 아니었다. 꽃밭 앞에서 둘이 찍은 사진을 보면 나는 남편이 옆에 있어 행복해 보였다. 남편도 살짝 웃는 내가 옆에 있어 더 돋보이는 것 같았다. 왕궁의 두 사람도 서로에게 들러리였다.

우리의 왕궁은 기차역이 빤히 보이는 곳에 있었다. 딸을 업고 학교 운동장처럼 넓은 역전에 자주 갔었다. 오가는 사람들은 많지 않았지만 기적 소리는 잦았다. 기차는 바다처럼 내게 향수를 불러왔다. 기차역이 가까웠던 친정집이 떠올랐고, 등에 업힌 딸이 내 동생인 듯 착각하게도 했다. 나와 여섯 살 차이 나는 막냇동생은 아기 시절을 거의 내 등에서 자랐다. 울 때도 업었지만 바깥에 나가고 싶을 때도 자는 애를 업고 나갔다. 동생이 서너 살쯤 컸을 때도 잘 업어 주었다.

기차가 '꽥~' 소리를 질렀다. 나는 아기가 놀랄까 봐, 내 딸의 여린 고막이 상할까 봐 걱정되었다. 동생을 업었을 때는 한 번도 하지 않았던 걱정이었다. 언니의 사랑과 엄마의 사랑은 같을 수 없는 것일까.

남편이 일찍 퇴근한 날은 남편은 딸을 돌보고 나는 부엌에서 저녁을 준비했다. 멀리서 기차가 오고 있었다. 그날은 손님 대신 행복을 싣고 행복 폭폭, 행복 폭폭, 우리 집 쪽으로 오는 듯했다.

우리의 왕궁에서 아쉬웠던 것이라면 '돈'이었다. 시아버님 회사 말단 직원이었던 남편은 월급도 말단 월급이었다. 사장 아들이라서 주는 인센티브 같은 건 전혀 없었다. 오히려 월급은 똑같지만 일은 주인 의식을 가지고 다른 사람보다 더 열심히 해야 한다는 게 시아버님 생각이었다. 시아버님 생각이 훌륭하다고 여기기에는 턱없이 수양이 부족했던 나로서는 섭섭하기만 했다. 만약 친시어머님이 계셨더라면 우리의 어려운 상황을 말씀드렸을지도 모르지만 시아버님한테는 입이 떨어지지 않았다. 겉으로 드러내지 못하는 불만이 속에서 원망하는 마음으로 변하는 것 같았다.

남편 월급으로는 딸의 분유도 겨우 살 수 있는 정도였다. 내 아기에게도 미제 이유식을 먹이고 싶었지만 그럴 수 없었다. 우리 형편에 사치품인 줄 알면서도 아기 영양제 '비오비타'도 먹이고 싶었다. 안타까운 심정을 친정에 말하고 도움을 받을까도 했지만 남편 자존심을 깎는 일이고, 시아버님께도 누가 될 것 같아 참았다. 그러나 사람들은 시아버지가 부자여서 우리도 부자로 사는 줄 착각하고 있는 것 같아 좀 억울했다.

어느 일요일, 남편 친구들이 단체로 우리 집에 몰려왔다. 어릴 적 소꿉친구들이었다. 우리 집이 세 식구 빠듯이 살아가는 말단 사원 집이라는 걸 아는지 모르는지 점심 때가 돼도 갈 생각을 하지 않았다. 부엌의 쌀자루 배는 내 배보다 홀쭉했다. 난감했다. 수중에 돈은 없고, 남편을 불러내 쌀이 없다고 말할 용기는 더 없고, 그렇다고 새댁이 옆집에 가서 사정을 이야기할 배포도 없었다.

순간, 평소 즐겨 먹던 국수가 떠올랐다. 어쩔 수 없이 국수라도 대접하기로 했다. 삶은 국수에 황백 계란지단과 김, 고명을 얹어서 만든 국수 여덟 사발과 깍두기 두 보시기, 양념장 한 종지를 두레상에 올렸다. 손님상치고는 초라했다. 모처럼 만난 배꼽친구들 아니던가. 부침개까지는 없더라도 막걸리 한잔 없이 상을 내놓기가 영 미안스러웠다.

고심 끝에 내 마음을 꾹꾹 눌러쓴 쪽지 한 장을 상 가운데에 살짝 올렸다. 그리고 문 밖에서 가슴을 두근거리며 방안의 동태를 살폈다. 친구 중 한 사람이 큰 소리로 쪽지를 읽기 시작했다.

숙마고우 보였으니
밥이면 어떠하고 국수면 어떠하리

막역지우 모였으니
술이면 어떠하고 물이면 어떠하리

갑자기 방에서 폭소가 터져 나왔다. 곧 왁자지껄했다. 그곳에는 바둑이, 철수, 영희가 와 있었고 그들은 이미 초등학교 시절로 돌아가 있었다. 어느새 윗도리를 벗어던지고 쪼롬이 둘러앉아 국수 먹는 모습이 천상 개구쟁이 철수들이었다. 혹시라도 밥이 아니어서, 술이 없어서 섭섭해하는 사람은 없는 것 같았고, 우리 집에 쌀이 없어서 국수를 마련했다고 생각하는 이도 없는 것 같았다. 정말 다행이었다. 아내에게 넉넉한 생활비를 못 주어 늘 미안해하던 남편이 친구들 앞에서 기죽을까 봐 염려했는데 말이다.

세월 따라 청춘도 기백도 흘러가 버렸지만 추억은 남는 것인가. 홀연히 40년도 훨씬 더 지난 그때를 회상하며 혼자 중얼거릴 때가 있다. 넉넉지 않았던 살림살이가 오히려 좋았다고, 젊은 한때의 가난은 아름다운 것이라고. 그래서 깨끼치마 잘잘 끌며 시장 다닐 때보다 월남치마 두르고, 부른 배 앞세우고, 딸아이 등에 업고, 손에 장바구니 들고 시장 다닐 때가 더 행복했노라고, 젊은 날 남편이 벌어 온 월급으로 요리조리 퍼즐 끼워 맞추듯 열심히 살 때가 좋았노라고.

세월이 나에게 가르쳐 주었다. 그런 추억을 간직할 수 있는 것은 시아버님께서 '미운 자식 밥 많이 주고 귀한 자식 배 곯린다'는 선조들의 교훈을 한 집안의 가훈처럼 꿋꿋이 지켰기 때문이리라. 그랬다. 자식에게 없어서 못 주는 아픔보다, 있으면서 안 주는 마음, 주고 싶은 마음을 억제하는 것이 얼마나 더 힘든 일인지 어미가 되어 자식을 키워 보고 알았다.

철없던 그때, 시아버님에 대해 느꼈던 섭섭함은 진작 존경하는 마음으로 바뀌었지만 시아버님의 태산 같은 자식 사랑은 쫓아갈 수가 없다. 아버님 사랑이 태산이라면 나의 자식 사랑은 태산 아래 이름 없는 작은 뫼에 지나지 않는다고나 할까.

잡상인 출입금지법

시집갈 때는 서방님을 잘 섬기겠다는 꿈이 있었다. 정성껏 밥상을 차리고, 출근길에 손수건 챙겨 주며 상냥하게 웃는 얼굴로 배웅하고, 퇴근 시간에 맞춰 마중 나가겠다는 소박하고 달콤한 꿈. 그러나 현실은 그게 아니었다. 총총한 대가족에, 시집가자마자 맡은 주방장 직책 때문에 출근길에 눈 맞출 시간조차 없었다.

나에게 주어진 임무는 주방장 역할이었다. 그중에서도 힘든 것은 음식을 어떻게 나누어야 할지가 걱정이었다. 귀하고 특별한 음식일수록 갈등은 더 컸다. 시부모님을 먼저 챙기는 거야 당연하지만 다음 순서로 장남인 남편 것을 챙길 것인지, 시동생, 시누이들 것부터 챙겨야 할지를 두고 끗발 없는 주방장은 매번 고민이었다.

"시집가면 시부모님 잘 섬기고, 시동생, 시누이 잘 거두고…."

"동기간에 우애도 새사람 손에 달렸데이."

시집올 때 들었던 친정 엄마의 말은 노상 귀에 걸려 있었고, 앞치마에 붙어 다녔다. 동기간의 우애가 내 하기에 달렸다고 하는데 어찌 내 서방부터 챙길 것인가. 그렇다고 시부모님과 넷이나 되는 시동생, 시누이들 다 챙기고 나면 남편 몫이라 해 봐야 밥솥에 누룽지 정도이니…. 남편의 부실한 몸에 대한 걱정이 목구멍의 가시처럼 걸릴 수밖에 없었다.

남편은 땅 넓은 줄은 모르고 하늘 높은 줄만 아는 듯 위로만 쭉 뻗었다. 다리가 학처럼 길고 허리는 장대처럼 길었다. 길이만 길다 보니 상대적으로 부피가 더 작아 보였다. 나를 이해해 주는 아량도 넓은 가슴 쪽보다는 긴 허리 쪽에서 나왔지 싶었다. 명주같이 얇은 껍질만으로 혹한을 견디는 자작나무처럼 뱃살도 없이, 팔뚝에 이두박근도 하나 없이 험한 세상을 살아가는 남편이 안돼 보였다.

일 년 후, 분가하기 위해 이삿짐을 꾸리면서 스쳐가는 생각이 많았다. 식사 때만 되면 호떡집에 불난 것처럼 정신

없이 허둥대던 대가족의 주방장 노릇을 내려놓았으니, 결혼 전부터 꿈꾸어 오던, 저녁밥 지어 놓고 애기 들쳐업고 남편 마중 나가는 참한 새댁이 되리라. 매일 맛있는 음식을 만들어 남편만 살뜰히 위할 것이고, 그래서 뱃살이 도톰해지면 마음놓고 그에게 기대리라.

어느 날 오후, 그날도 여느 날처럼 아기를 업고 대문 앞을 서성거렸다. 눈으로는 길 가는 남자의 떡판 같은 등짝을 주시했고, 머리로는 그 등짝이 부러워 오늘 저녁에 남편에게 돼지 등짝이라도 먹여야겠다는 생각을 했고, 입으로는 흥얼흥얼 노래를 불렀다.

그때 내 앞에 다가선 말쑥한 남학생, 그는 길 건너편에 있는 동래고등학교 교복을 입고 있었다. 손에 무거워 보이는 보자기에 싼 둥그런 것을 들고 쑥스러운 듯 내게 말을 붙였다.

"아주머니, 혹시 꿀 안 필요하세요?"

"무슨 꿀인데?"

"이거 우리 엄마가 저 먹으라고 보낸 건데 용돈이 필요해서요…."

뒷말을 흐리면서 자기를 소개했다. 집은 경남 산청이고,

학교 앞에서 자취를 하고 있고, 그 꿀도 자기 집에서 직접 재배한 토종 벌꿀이라고 했다.

여고 시절 서울에서 자취하던 때가 생각났다. 그때 우리 엄마도 먹을 것을 보따리 보따리 싸서 보내 주셨다. 뿐만 아니라 엄마가 큰오빠한테 제일 좋은 것만 먹이던 생각도 났다.

나는 얼른 사겠다고 말했다. 학생에게 꿀값을 듣는 순간 생각보다 큰돈이어서 남편에게 허락을 받아야 할 것 같았다. 하지만 마음이 급했다. 수중에 돈이 없으니 옆집에 가서 돈을 빌려 오겠다고 했다. 그러자 학생이 몹시 당황해하며 말했다.

"꿀 산다는 말은 하지 말아 주세요. 학생이 꿀을 판다는 것이 부끄러워서 그래요."

나는 그 마음을 이해할 것 같았다. 옆집 아주머니에게는 다른 핑계를 둘러댔다.

'이제 이 꿀을 먹으면 서방님 얼굴에 윤기가 자르르 하겠지. 건들건들한 다리도 좃대를 세울 것이고, 밋밋한 장딴지는 꿀단지처럼 통통하게 될 테고….'

달라질 남편의 모습을 그려보며 퇴근하기만을 기다렸다.

남편이 대문에 들어서기 무섭게 낮 동안에 있었던 일을 세세하게 보고하고 보물단지 같은 꿀단지를 내보였다. 그런데 남편과 같이 퇴근한 태수 씨가 청천벽력 같은 말을 했다. 내가 처음 그 꿀을 보았을 때 A++같이 생각했던 희끄무레한 기포를 태수 씨는 의심스럽다고 했고, 표면이 사포처럼 거친 것은 누런 설탕이 많이 섞여서 그렇다고 했다. 마지막으로 입에 대보고는 양잿물이 들어갔다고 미련 없이 버려야 된다는 것이었다. 하늘이 노랬다.

이튿날 꿀 감정을 받아 보려고 꿀단지를 안고 돈을 빌려 준 아주머니를 찾아갔다. 학생에게 꿀 산 이야기를 꺼내자마자 아주머니 얼굴이 붉으락푸르락 신호등처럼 바뀌었다. 자기도 며칠 전에 똑같은 꿀을, 같은 학생한테 같은 말을 듣고 샀다는 것이었다. 거기다 대고 태수 씨가 말한 것을 그대로 전했더니 학생, 아니 그 사기꾼 욕을 심하게 했다. 전날의 일이 생생하게 떠올랐다.

돈을 받자마자 불안한 기색으로 휑하니 돌아서려는 사기꾼을 붙들고, 우리 집 앞이 기차역이니 산청 갈 때는 꼭 들러라, 어려운 일이 있으면 누나처럼 생각하고 찾아와라, 공부 열심히 해라… 하면서 진짜 친정 동생처럼 대해 주었는데…. 더구나 아기 업은 몸으로 헐레벌떡 뛰어 들어가서 아껴 두었던 포도를 들고 나와 저만치 가는 학생 뒤를 죽자 살자 쫓아갔던 일이 눈앞에 전개되자 땀범벅이 된 내가 보였고, 등 뒤에서 쌕쌕거리는 아기 숨소리가 들렸다.

생각할수록 괘씸했다. 집에 더 줄 게 없어서 안타까워했던 마음을 생각하니 연민은 금세 분노로 바뀌었다. 진심이 담긴 '내 마음'을 어린 녀석한테 희롱당했다고 생각하자 분노를 넘어 슬프기까지 했다. 세상이 무서웠다.

그런데 옆집 아주머니가 분개하는 모습을 보면서 마음이 엉뚱하게도 편인해지고 있었다. 그처럼 근일에 동지가 있다는 것, 그것도 아주머니는 동네에서 똑똑한 사람으로 소문난 사람이 아니던가. 하늘은 스스로 돕는 자가 아닌 스스로 바보인 자도 도와주는 줄은 몰랐다.

그날 이후 남편 쳐다보기가 민망스러웠다. 차라리 바보 같다고 한마디 하면 변명이라도 할 텐데, 꿀에 대한 언급이 일절 없으니 속을 알 재간이 없었다. 며칠 후 남편이 물었다.

"꿀은 우쨌노?"

"아직 안 버렸는데요."

"지금 당장 갖다 버리라."

버리라는 말이 예사롭지 않게 들렸다. 바보 같은 마누라도 같이 버리고 싶은 심정인가 해서였다.

남편도 나도 꿀은 한 숟갈도 못 먹었지만 약효는 분명히 있었다. 내겐 '바보특효약'이었던 것이다. 그 사건 이후로 가슴에 잡상인 출입금지법이 만들어졌다. 한 번 당하지 두 번은 당하지 않으리라는 굳은 결심으로 내부 경비를 삼엄하게 했으며, 우리 집에 오는 모든 상인들을 문전박대했다. '바보특효약'의 약발이 떨어질 때까지 한동안 그랬다.

엄마니까

어렸을 때부터 엄마에게서 자주 듣던 말이 있다.

"사람은 뭐라 캐도 사주팔자를 잘 타고나야 하는 기라."

때로는 이런 말도 덧붙이셨다.

"니 사주에는 귀인이 들어 있데이."

"니 아나? 사주팔자는 삼신할매가 점지하는 거."

마치 우리가 태어난 건 물론이고 우리 사주四柱까지도 순전히 삼신할머니에 의해 결정된다는 투로 말씀하셨다.

내가 일곱 살 되던 해 여름, 막냇동생이 태어났다. 밑에 여동생과 놀다가 들어와 보니 엄마는 힘없이 누워 있고 그 옆에 강보에 쌓인 아기가 바싹 붙어 있었다. 너무 작아서 엄마에게 딸린 혹 같았다. 동생이 물었다.

"엄마, 야 누고?"

"니 동생 아이가."

"뭐?"

우리는 동시에 소리쳤다. 가슴이 떨렸고 다리가 후들거렸다. 너무 작고 너무나 애처로운 존재. 엄마 치마를 들쳐 보았다. 빵빵하던 배가 궁금했다. 엄마 배는 바람 빠진 풍선처럼 꺼져 있었다. 엄마가 불쌍했다. 엄마의 헝클어진 머리를 쓰다듬어 드렸다.

동생을 낳은 지 일주일 되던 날이었다. 엄마가 새벽에 일어나더니 정갈하게 옷을 갈아 입으셨다. 그러고는 상에다 정화수를 떠놓고 두 손을 모아 비셨다.

"비나이다. 삼신할매께 비나이다. 점지해 주신 아기 그저 묵고 자고, 묵고 자고, 외 굵듯이, 달 굵듯이 쑥~쑥 자라게 해 주이소."

'쑥쑥'을 말할 때는 목에 힘을 주셨다. 옆에 서 있던 나도 엄마에게 힘을 보태야 할 것 같아 속으로 빌었다. 일주일에 한 번, 일곱 번을 그렇게 치성을 드렸다. 그뿐이 아니었다. 애기가 아플 때도 병원보다 삼신할머니를 먼저 찾으셨다. 그때부터 동화책에도 나오지 않는, 그래서 볼 수도 없는 할머니였지만 내 머릿속에 깊이 자리잡은 것 같았다.

세월이 흘러 나도 결혼을 했고 둘째를 가져 만삭이 다 됐을 때 일이다. 산부인과에서 적어 준 분만 예정일이 추석 전후 일주일이었다. 집안의 종부로 추석날만큼은 아기를 낳아서는 안 될 것 같았다. 나도 모르는 사이에 오랫동안 잊고 있던 삼신할매를 찾고 있었다. 친정 엄마가 그랬듯이.

추석 전날은 만삭이 된 배를 안고 제수 준비에 눈코 뜰 새가 없었다. 그런데 그날 밤부터 조짐이 심상치 않았다. 물에 젖은 솜처럼 지친 몸을 방바닥에 붙이고 누웠는데 뱃속이 요동쳤다. 처음에는 이 구석 저 구석 쑤시고 다니는가 싶더니 나중에는 아예 배를 차대는 것이었다.

밤새 시달리긴 했지만 다행히 추석날 아침까지도 아무 일이 없었다. 배꼽 위로 불쑥 나왔던 배가 밤사이에 배꼽 아래로 처져 있는 것밖에는. 나는 차례상을 차리면서도 안절부절못했다. 조상님들 앞에서 애를 낳아서는 낭패였다. 다행히 그날도 무사히 지나갔다.

추석 다음 날이었다. 긴장이 풀리자 몸은 천근만근. 진통이 주기적으로 계속되었다. 가족들은 모두 성묘하러 떠나고 나와 어린 딸과 일하는 처녀아이뿐이었다. 진통이 계속될수록 온몸에서 땀이 흐르기 시작했다. 그만 병원에 가야 할 것 같았다. 시계를 보았다.

오후 2시!

하늘엔 구름 한 점 없고 구월의 태양만이 작열하고 있었다. 그때 갑자기 엄마의 말이 확성기 소리처럼 내 귀에 울렸다.

"사람은 사주팔자를 잘 타고나야 하는 기라!"

그해는 계축년 소띠 해였다. 오후 2시에 태어나는 아기는 논밭에서 땀을 흘리며 일해야 할 소 팔자를 타고날 것만 같았다. 태어날 시간을 연장해야겠다는 생각이 퍼뜩 들었다. 자식이 엄마인 나 때문에 고생해서는 안 될 일이었다. 원망에 찬 아이의 눈망울이 눈앞에 어른거렸다. 아찔했다.

"안 되지! 안 돼! 해가 빠질 때까지 참아야 해."

순간 나도 모르는 사이에 또 삼신할머니를 찾고 있었다.

"제발 다섯 시간만 참아 주이소! 아니, 세 시간만이라도!"

삼신할머니가 소원을 못 알아들으신 건지 진통은 점점 강도를 더해 갔다. 30분에서 20분 간격으로, 그리고 다시 10분으로 좁혀졌고 진통도 심해졌다. 아기는 금방이라도 빠질 것 같은데, 서편 하늘가에 걸린 해는 빠질 기미를 보이지 않았다.

언제까지 버틸 수 있을까? 땀은 장대비로 쏟아지고 아랫도리는 양수가 터진 듯 축축했다. 그래도 참기로 했다. 입을 앙다물고 내 모든 인내를 동원했다. 나는 열심히 눈썹으로 시계바늘을 돌렸다.

5시 30분!

더는 참을 수 없었다. 택시를 잡아탔다. 병원까지 30분 걸리는 택시 안에서도 여전히 삼신할머니에게 빌고 있었다. 드디어 병원에 도착했다.

6시 정각!

9월의 해는 아직도 산등성이 위에 한 발이나 남아 있었다. 퇴근하는 수간호사와 마주쳤다.

"아니, 이래 가지고 이제 오면 어떡해요? 집에 손님 오기로 했는데…. 보호자도 없어요?"

늘 생글거리던 그녀의 얼굴이 그날은 쌩하고 찬바람이 일었다.

자식의 운명이 달린 일이라 어쩔 수 없었다고 말하고 싶었지만 아무 말도 할 수 없었다. 밑으로 자꾸 내려오는 애기 때문에 입도 달싹할 수 없었다. 그저 살려 달라고 눈빛으로 애원했다.

"빨리 올라가세요!"

어떻게 수술대에 올라갔는지 기억나지 않는다. 다만 천장에 매달린 전등이 너무 눈부셨던 기억밖에 없다. 차츰 몽롱해지는 의식 너머에서 이런 말들이 들려왔다.

"이 여자 정신 있나 없나?"

"애를 길거리서 낳을 작정이었나?"

"젊은 여자가 간도 크지!"

의사가 여러 번 혀를 찼다. 하지만 나는 괘념치 않았다. 수술대에 오른 뒤 얼마 있지 않아 몽롱한 의식을 깨우던 힘찬 아기의 울음소리. 시간부터 물었다.

6시 30분!

십이지로 따지면 유시酉時. 소가 일을 마치고 돌아올 시간이었다. 잘 하면 여물을 먹을 수도 있는 시간. 삼신할머니께 감사를 올렸다. 적어도 내 아이는 태어난 시 때문에 땡볕 아래서 고생하는 일은 없을 테니까.

그 이후 어떤 모임에서 이 이야기를 했더니 사람들은 나를 보고 미련스럽다고 했다. 또 어떤 사람들은 젊은 사람이 무슨 미신이냐고도 했다. 그러나 설명도 변명도 하지 않았다. 다만 속으로 이렇게 중얼거렸다.

"미련하든 미신이든 상관없어. 내 아이를 위해서라면 더 한 것도 참을 수 있어. 나는 엄마니까."

옛날 그 동생이 아니었다

나에게는 한 살 적은 여동생이 있다. 내가 결혼할 때까지 거의 떨어져 지낸 적이 없다. 배터리의 N극과 S극처럼. 여고는 물론 대학을 마칠 때까지 부모와는 헤어져 있었지만 동생과는 꼭 붙어 다녔다.

물건이든 사람이든 붙어 있는 시간이 많으면 부딪칠 일도 많다. 한방에서 아옹다옹 지내던 우리는 결국 경쟁자가 되어 버렸다. 하기야 일 년 터울이니 우리의 운명은 태어나면서부터 경쟁자의 운명이었는지 모른다. 아기였을 때는 엄마 젖을 가지고 싸웠고, 걸을 때는 엄마 손을 독차지하려고 싸웠다.

언제부턴가는 옷을 가지고 다투었다. 만약 그 사건이 일어나지 않았더라면 우리는 언제까지나 싸웠지 싶다. 그러나 그날 이후 나는 영원히 백기를 들 수밖에 없었다.

동생은 나의 오점을 염불처럼 입술에 달고 다니다가 수틀리면 시간과 장소를 가리지 않고 가차없이 내뱉았다. 내가 파랗게 질린 얼굴을 해도, 한쪽 눈을 찔끔찔끔 감아 보여도, 심지어 비는 시늉까지 해도 끄떡도 하지 않았다. 나는 그 앞에서 고개를 숙였고 죄인처럼 떨었고 고분고분할 수밖에 없었다.

나는 불행히도 초등학교 들어갈 때까지 오줌을 쌌다. 그래도 여섯 살 될 때까지는 엄마가 물을 엎질렀다거나 요강을 넘어뜨렸다는 이유를 붙여 죄 없는 동생에게 덮어씌우곤 하셨다. 평소에도 성격이 괄괄한 동생보다는 디소곳한 내 편을 자주 들어주시는 부모님에게 불만이 많았던 동생은 그때부터 범인 잡기에 호시탐탐했다. 꼬리가 길면 잡히는 법인가. 어느 날 옆에서 자던 동생에게 그 꼬리라는 것이 잡히고 말았다.

지금도 잊을 수 없는 그날 아침. 요에 그려진 얄궂은 그림을 뚫어지게 바라보며 회심의 미소를 짓던 동생. 현장 확인을 하러 온 엄마. 구석에서 가슴에 고개를 묻고 있는 나. 앞으로 어떤 폭풍우가 몰아칠지….

약점을 잡은 동생은 그날부터 툭하면 그 사실을 주위 사람들에게 불어 버리려고 했다. 동생 입 모양이 앞으로 쑥 나오기 시작하면서 약간 오므리면, 즉 '오'자를 만들려고 하면 땅으로 꺼져 버리거나, 날개가 있다면 하늘로 솟아오르고 싶었다. 그럴 때는 동생이 아무리 어려운 요구를 해도 '오케이!' 했다. 우리는 어느 사이 갑과 을의 관계가 된 것이다. '갑'이 소리 없이 '오' 하는 사인을 보내면 '을'은 지체 없이 '케이'로 답하는 관계 말이다.

동생과 한방을 썼지만 방 청소는 거의 을인 내가 해야 했다. 그뿐 아니다. 엄마가 심부름 시키려고 동생을 부르면 대신 가라고 눈짓을 했다. 감히 언니인 나에게 말이다. 수모를 참느라고 입술을 깨물었다. 하지만 결국 따를 수밖에 없었다.

그런 상황에서 동생 도움을 받아야 할 일까지 있었으니…. 굴욕에 알파를 보탰다. 그 시절 변소는 바깥에 있었다. 동생은 혼자서도 잘 가는데 나는 그러지 못했다. 그럴 때마다 동생에게 돈을 상납하곤 했다. 돈의 액수는 시간에 비례했다. 일정 금액에 30분이 넘어가면 할증료가 붙었다. 어린 것이 그런 제도를 어떻게 알았을까? 아무튼

동생은 나보다 한 수 위였다.

용돈이 넉넉지 못했던 나는 노동력으로 갚기도 했다. 등교할 때 책가방을 들어주고, 숙제를 해 주면서 빚의 일부를 탕감 받아 나갔다. 이런 일은 내가 중학교를 졸업할 때까지 계속되었다. 고등학교에 가선 돈을 상납할 일은 없어졌지만 나의 치부를 여전히 거머쥐고 위에 군림하려는 것은 여전했다. 동생이 별이나 달을 따오라면 따오겠다는 각오까지 하면서 처녀 시절을 힘겹게 보냈다.

드디어 내가 시집을 가게 되었다. 친정을 떠난다는 게 섭섭한 일이지만 동생이 없는 곳으로 간다는 것은 여간 기쁜 일이 아니었다. 시집살이하는 동안 약점을 꿰고 있는 동생만은 생각조차 하고 싶지 않았다. 시누이, 시동생은 친정 동생과는 달랐다. 나를 부를 때도 새언니, 형수였다. '오줌싸개'는 아니었다. 그 치욕적인 호칭으로 불리지 않는 것만으로도 살 것 같았다. 설혹 시집살이가 호되다 해도 그것만으로도 행복했을 것이다.

첫딸을 낳자 분가를 했고 그때부터 친정 식구들이 들락거리기 시작했다. 둘째를 낳았을 때는 친정에서 심부름하는 애와 함께 동생을 보내 주셨다. 연년생으로 아기를 낳아

쩔쩔매는 언니가 안돼 보였는지, 아니면 엄마의 간곡한 부탁을 받아서인지 동생은 옛날 그 동생이 아니었다. 말끝마다 "언니, 언니" 하며 제대로 대접해 주었다. 아무래도 못 본 사이 푹 시들어 버린 얼굴하며 헐렁한 산모복을 입은 몸매를 보고 연민이라도 느꼈던 것일까. 나보고 '가시나'라 할 때와는 딴판이었다. 내게 갖은 정성을 다하려고까지 했다.

동생은 사기를 북돋아 주는 말만 골라서 했다.

"애기가 언니 닮아서 참 예쁘다. 이렇게 예쁜 애기는 처음 봤데이."

동생은 클 때 양쪽 볼 아래가 볼통했다. 나는 그 속에 심술보가 들었다고 생각했다. 그런데 그 자리에 웃을 때마다 살짝 패인 보조개가 보였다. 여간 귀여운 것이 아니었다. 분명 어렸을 때 그 심술보가 맞는데….

시댁에 많은 식구들이 있어도 내 시중을 들어줄 사람은 오직 친정에서 파견 나온 동생뿐이었다. 우리는 물보다 진한 피를 통해 서로의 마음이 오가는 것을 느꼈다.

나를 위해 하루에 여섯, 일곱 끼 밥상을 대령했고, 첫째 딸을 돌봐주었고, 매일 시장을 봐 날랐다. 그리고 시간이

나면 우리들이 지내온 얘기, 주로 싸웠던 얘기를 나누면서 웃었다. 많이 싸운 덕에 이야기는 끝이 없었다. 추억은 모든 허물은 사라지게 하고 아름다움만 남겨 놓았다.

결혼 전에 동생만 없었으면 좋겠다고 생각했던 마음이 하루아침에 눈 녹듯 사라졌다. 대신 동생이 있어서 참 좋다는 생각만 눈덩이처럼 불어나고 있었다.

동화책에 나오는 외할머니는

“고만 좀 울어라! 너거 에미 힘들다.”

어쩌다 우리 집에 오신 친정 엄마는 툭하면 둘째 딸을 나무라곤 했다. 첫째 딸과 연년생인 둘째는 태어날 때부터 불만이 많았던 모양이다. 독차지해야 할 엄마 젖을 항상 저보다 덩치 큰 언니가 한쪽을 점령하고 있었으니 그럴만도 했다.

첫째가 오동통한 금복주 할아버지 같다면, 둘째는 가냘픈 참새 같았다고 할까? 툭툭한 금복주는 늘 싱글벙글 만족스러운 얼굴이었지만, 얄상한 참새는 늘 쨍쨍쨍쨍 불만스러운 얼굴이었다. 그래서 모처럼 딸네 집에 온 엄마는 참새를 못마땅해하셨다.

일곱 살, 여섯 살, 네 살, 두 살인 외손녀, 외손자에게 시달리는 당신 딸이 안쓰러워서 그랬겠지만 내 눈에는 내 딸, 어린 참새가 더 짠해 보였다. 귀한 외손녀를 그렇게 나무랄 때마다 나도 엄마에게 싫은 소리를 하고 싶은 심정이었다.

그날도 엄마는 둘째를 야단쳤다.

"또 머 때문에 쨍쨍대노? 고만 좀 울어라."

울고 있던 아이는 더 큰 소리로 울었다. 엄마도 더 큰 소리로 야단쳤다.

"시끄럽다! 좀 고만 울어라!"

야단맞는 딸이 딱하다고 느끼고 있을 때였다. 울던 애가 갑자기 울음을 뚝 그쳤다. 그러더니 외할머니를 쏘아보며 소리쳤다.

"무슨 외할머니가 저래! 책에 나오는 외할머니는 안 그렇던데."

여섯 살짜리 딸의 당돌한 말에 나도 친정 엄마도 멍해져서 서로 얼굴만 쳐다보았다. 얼른 엄마의 눈치를 살폈다. 엄마는 손녀에게 웃는 얼굴로 물으셨다.

"책에 나오는 외할머니는 어떤데?"

진심으로 책에 나오는 외할머니가 어떤 사람인지 궁금

하신 모양이었다. 그러나 둘째는 대꾸 없이 다시 울기 시작했다.

동화책에 나오는 외할머니들은 모두 자상하고 인자했으니 제 외할머니와 비교되었던 것이리라.

나의 외할머니는 일찍 돌아가셨고 외숙모만 계셨다. 외숙모 하면 퍼뜩 떠오르는 모습이 웃는 얼굴이다. 소리 없이 입만 벌리는 모습이 무성영화에 나오는 사람처럼 보였던 기억이 아직도 생생하다. 얼굴은 이목구비가 뚜렷하면서 갸름한 미인형이었다. 반듯하게 가르마를 타고 양옆으로 빗어 넘긴 머리카락을 모아 단정하게 비녀를 찔렀다. 이마에는 세월의 흔적을 나타내는 굵고 가는 주름 위에 착할 '善'의 이니셜이 박힌 듯 어진 티가 배어 있었다.

외숙모는 나처럼 맏며느리셨고 우리 엄마는 막내딸이었다. 두 사람 나이 차이가 제법 많이 나서 그런지 외숙모가 우리를 대하는 것도 생질녀가 아닌 어리고 귀한 외손녀처럼 대하셨다. 그런 외숙모가 계신 곳이기에 여동생과 나는 어린 시절 방학만 하면 부리나케 외가에 놀러갔다. 엄마는 그때 분명히 '포항→경주' 가는 기차표를 끊어 주셨을 텐데 내 눈에는 '포항→낙원'으로 적혀 보였다. 그랬다.

그곳은 나한테는 낙원 같은 곳이었다.

외숙모는 어린 우리 앞에서도 조신하게 행동하셨다. 특히 웃을 때는 자세히 보지 않으면 웃는지 아닌지 분간하기 어려울 정도였다. 우리 엄마처럼 웃을 때 큰 소리를 내려면 아마도 몇 달은 연습을 해야 될 거라는 생각이 들었다. 외숙모는 큰 소리로 야단 같은 것도 칠 줄 모르는 사람 같았다. 그래서 둘째가 책에 나오는 외할머니를 말하는 순간 외숙모가 떠올랐던 것이리라.

외숙모와는 다르지만 엄마도 책에 뽑힐 만한 장점이 많은 분이시다. 감정이 풍부하고 매사에 열정적이었다. 바느질도 잘 하시고 흥이 많아 노는 것도 좋아했지만 누구보다 살림도 잘 하셨다. 또 이건 장점이라고는 할 수 없지만 남에게 지는 것을 싫어했다.

그랬던 엄마였기에 딸 셋에게 남들보다 예쁜 옷을 입히고 싶어서 삯바느질해서 번 돈으로 딸들의 의상비를 감당했다. 엄마의 그런 애살은 혼자 부리지 않았고 우리도 거기에 장단을 맞추라고 극성이었다. 우리는 무엇이든지 남들보다 잘해야 했다. 공부도, 달리기도, 노래도, 하다못해 밥 먹는 것도. 그러지 못하면 엄마의 끊임없는 잔소리가 이어졌다.

세월이 강물처럼 흘러 할머니가 되셨건만, 그 잔소리와 극성은 여전했던지라 쨍쨍대는 손녀를 그냥 봐 넘기질 못했던 것이다.

종부인데다 넷이나 되는 자식 치다꺼리로 종종거리며 사는 딸이 안돼 보여서 그랬겠지만, 그래도 '모처럼 만난 외손녀를 그렇게 심하게 나무라는 건 너무하다'고 말하고 싶었다. 하지만 그 말은 차마 입 밖에 낼 수 없었다.

지금 생각해 보니 오히려 그때 엄마를 잘 설득해 둘째 딸에게도 좋은 외할머니로 기억되게 했어야 했는데 그러지 못한 것이 아쉬울 때가 있다. 거기다 여섯 살짜리 어린 딸과 한편을 먹고 속으로나마 엄마를 원망했던 일을 생각하면 생각할수록 부끄럽기 그지없다. 그때 내 나이 서른이 넘었어도 철없는 아이였던 것이다. 내가 외할머니가 되고 외손녀가 그때의 딸 나이가 되고서야 그것을 깨닫게 되었다.

이제 둘째 딸도 지금보다 더 나이가 들어 저도 할머니가 되었을 때, '나의 외할머니는 좀 극성맞기는 하셨지만 정이 많고 여장부처럼 훌륭하셨다'고 기억해 주었으면 좋겠다.

그러면 엄마에게 미안한 마음도 좀 덜고 외할머니에 대한 둘째의 섭섭한 감정도 깨끗이 씻겨 나갈 수 있을 텐데, 하고 마음속으로 빌어본다. 사람이 사람을 미워한다는 것은, 더구나 외할머니를 미워한다는 것은 여간 큰 아픔이 아니니까.

3 _ A SUMMER PLACE

종부, 득남하다

나의 비밀작전 1호

내가 왜 지 마누란데

오늘 또 어데 갔더노

길은 눈으로 찾나

어떤 슬픈 착각

A SUMMER PLACE

지금 그녀 곁에는 누가 있을까

종부, 득남하다

'임산부 남아 잉태'

지금도 이 일곱 글자의 위력을 잊을 수 없다. 연속으로 '쓰리 볼'을 던진 나는 남아란 글자만 봐도 경기가 날 정도로 흥분되었다. 한마디로 남아의 존재는 나에겐 오르지 못하는 하늘과도 같았다. 세 딸을 낳을 때까지 학수고대 종손만 기다리던 집안 어른들의 따가운 시선도 그랬지만 어쩌다 약주라도 한잔하고 오시는 날이면 무의식중에 내뱉으시던 시아버님의 넋두리도 그랬다.

"돈 주고 살 수 있는 거라카믄 나도 얼른 사서 자랑할 낀데…."

손자 자랑하던 친구분들 생각만 하면 속이 상하셨던지, 올망졸망 손녀들의 재롱을 보시면서 활짝 웃는 모습에서도 서운한 음영이 배어 있었다. 천금 만금을 주어도 살 수 없는 손자였기에, 종부인 나는 할 수만 있다면 도둑질이라도 해 오고 싶을 정도로 그 고추라는 것이 간절했다.

"여아를 남장하면 남동생을 볼 수 있다던데."

동네 어른들의 이 말에 나는 비장한 결심을 하고 셋째를 이발소에 데리고 갔다.

"우리 애기 머리 빡빡 깎아 주이소."

동네 이발사가 어떤 토라도 달까 봐 최대한 무뚝뚝하게 내뱉았다. 밤톨같이 깎은 머리에 남장을 한 셋째, 무늬는 영락없는 사내아이였다. 볼 때마다 내 어깨는 날개를 달았다. 두 딸과 어울린 가짜 아들의 모습은 사랑스러웠다. 진짜 아들처럼 용맹스럽게도 보였다.

"한솥에 밥을 해도 죽 될 때도 있고 밥 될 때도 있는데 딸만 나올 리가 있나? 자꾸 낳다 보면 아들도 나오겠지!"

시어른들의 노골적인 압력이 시작되었다. 변장한 셋째 덕분에 생겼던 날개가 무심한 세월에 꺾여 버렸다. 고개도 꺾였다. 대신 오기가 솟구쳤다. 넷째를 가졌다. 배는 서서히 불러왔지만 불안한 마음은 초장부터 빠르게 몰려왔다.

어느 날 한방병원을 찾아 나섰다. 대기실에는 어디서

모였는지 배불뚝이 판이었다. 그들 옆의 보호자들 때문에 혼자 온 나는 기가 죽었다. 그냥 눈을 감아 버렸다. 천당과 지옥, 희망과 절망이 교차되는 숨막히는 시간이 흘렀다. 드디어 차례가 왔다. 진찰실로 들어간 나는 다짜고짜로 말했다.

"저는예, 딸을 낳고 싶어서 왔는데예."

시선은 땅에 떨군 채 연습했던 대로 중얼거렸다. 남아선호 사상이 팽배하던 시대에 이치에 맞지 않는 말이었다. 의사한테는 모자라는 여자로 비쳐도 좋았다. 아니, 그 이상이라도 상관없었다. 이번만은 셋째 때와 같은 비참한 결과는 미리 막아야 했다.

첫딸, 둘째 딸 연년생으로 낳고 2년도 채 안 되어 또 셋째를 임신했을 때 일이다. 집에 자주 오는 빗자루 장수가 그날도 방 빗자루를 무겁게 메고 와서 팔아 달라고 사정했지만 머뭇거리고만 있었다. 아저씨 시선이 잠시 내 배에 머물렀다.

"새댁, 이번에는 아들 낳겠네."

"예? 어떻게 알아요?"

"틀림없어, 두고 보라고."

믿기지 않았다. 그러나 믿고 싶었다. 빗자루 세 자루를 사 주었다. 그 후 천하를 얻은 듯 당당해졌다. 댓돌을 딛고 올라온 높고 긴 대청마루를 우아하게 걸으며 귀부인 행세를 하였다. 그러나 출산한 뒤는 귀부인다운 거동은 사라지고 초라한 딸딸이 엄마의 모습으로 돌아갔다. 의사 앞에서 딸이 셋이라서 이번에는 꼭 아들을 낳아야 한다고 내 본심을 솔직하게 말했다가는 빗자루 장수처럼 아들이 아닌데 아들이라고 말할까 봐 고심 끝에 생각해 낸 각본이었다.

의사는 말도 안 되는 거짓말을 한 임산부의 속내를 꿰뚫고 있는 것 같았다. 굳게 다문 입에서 더욱 그것을 느꼈다. 어쩌면 의사의 권위에 도전한 새파랗게 젊은 여자를 괘씸하게 생각했을 것도 같았다. 하지만 그 모습이 올바른 진찰을 할 거라는 믿음도 주었다.

의사가 진맥을 했다. 명함을 꺼내더니 뒷면에 무언가 적어서 내게 못마땅한 듯 내밀었다. 그러나 그 명함에 무엇을 적었는지 바로 볼 수가 없었다. 마치 그것이 판사의 선고문이나 되는 것처럼. 한참 뜸을 들인 다음에 서서히 뒷면을 보았다.

姙產婦 男兒 孕胎

일곱 글자를 읽는 순간 소리를 지를 뻔했다. 글자 하나하나 광채가 났다. 그 자리에 몸이 얼어붙은 듯 뻣뻣해졌으나 가슴은 화끈 달아올랐다. 심장이 쿵쾅거렸다. 거대한 증기 기관차가 달리듯이. 입은 벌어진 채 다무는 법을 잊은 듯했고, 터져 나오는 웃음을 두 손으로 밀어넣으며 허둥지둥 진찰실을 빠져 나왔다.

"하 하 하 하… 나도 아들을 가졌다."

두 번, 세 번 하늘을 향해 마음껏 소리질렀다.

보이는 건 온 천지에 '임산부 남아 잉태'란 글자뿐이었고, 들리는 건 '축하! 축하! 축하!' 뿐이었다.

집까지 여섯 정거장이나 되는 길을 개선장군이 되어 당당히 걸어갔다. 팡파르를 울리는 근위대는 없었지만 가는 내내 해님이 호위하며 따라왔고, 음력 2월의 짓궂은 바람도 잠잠히 숨을 죽였다.

그날부터 그 명함은 나의 수호신이 되었다. 오뉴월 땡볕에 제수 장만한다고 땀을 뻘뻘 흘릴 때도 주머니의 명함만 만지면 온 동네 바람이 몰려와 전 부치는 손을 어루만져 주었고, 뒤뜰 감나무 위의 새들도 화덕 앞에 앉은 새댁이 대견하다고 칭찬해 주었다.

넷째는 출산 때 몸무게가 자그마치 4.75kg이었으니 일찍부터 유난히 배가 불렀다. 그래도 아들을 잉태한 귀한 배란 생각에 부른 배가 오히려 자랑스러웠다. 가끔씩 일곱 글자에 대한 의혹이 일어날 때가 없진 않았다. 하지만 그 의혹도 명함을 건네줄 때 의사의 진실성 깃든 눈빛, 과묵한 입매를 떠올리면 쉽게 떨쳐 버릴 수 있었다.

해산날이 되었다. 세 딸 때의 산통을 모두 합친 것만큼이나 고통스러웠다. 그러나 아들을 낳을 생각에 어떤 고통도 참을 수 있었다. 드디어 아기가 태어났다. 간호사가 소리쳤다.

"아들이에요!"

순간 온몸에 힘이 쫙 빠져 나갔다. 그러면서 눈물이 났다. 해냈다는 기쁨과 지나온 괴로운 순간들이 교차되었다. 그 후에 들은 이야기지만 남편은 얼마나 기뻤던지 그날 새벽에 자기 회사 앞에 가서 공중에 대고 소리를 질렀다고 했다.

"나도 아들 낳았다아!"

마침 그날 친정 아버지께서는 다친 다리를 이끌고 윗대 조상님 산소에 오르고 있었다고 했다. 외손자 분만 소식을 듣는 순간 언제 아팠느냐는 듯이 끄떡끄떡 잘도 올라가지는 게 정말 신기하더라고 그러셨다. 그동안 종부인 딸이 그 집안의 대를 이을 손을 낳지 못한 것이 친정 아버지 가슴에 빚이 되어 있었던 것일까.

처음부터 스트라이크를 던졌더라면 온 집안이 떠들썩한 축하는 받지 못했을 것이다. 도둑질해서라도 갖고 싶었던 그 고추를 달고 나온 기쁨은 그동안 아들 못 낳아 받았던 서러움의 열 배, 스무 배도 더 되고도 남았다.

아들을 낳은 지 35년이 지난 지금도 명함의 글자는 빛이 바랬지만 그때의 감동은 아직도 나를 설레게 한다.

나의 비밀작전 1호

남편은 내가 운전하는 것에 늘 부정적이었다. 아니, 계엄령을 선포하듯 엄하게 대했다.

"하기만 해 봐라, 그때는 이혼이다."

운전 얘기만 나오면 남편이 하는 소리였다.

처음에는 아내의 안전이 염려되어 그러는가 싶어 고마웠다. 그러나 시간이 지날수록 다른 속내가 있는 것 같았다. 차를 가지고 나돌아다니는 꼴을 못 봐주겠다는 이유가 아니었을까? 남편이 평소에도 돌아다니는 것을 싫어했기에 생각이 거기에 미치자 오기가 생겼다. 오기는 용기를 불러왔고 용기는 도전해 보겠다는 반발심을 일으켰다.

남편 몰래 필기시험 준비에 들어갔다. 숨어서 하는 공부가 그렇게 머리에 쏙쏙 잘 들어오는지 그때 처음 알았다.

일주일 동안 문제집 몇 권을 푼 다음 시험을 쳤다. 좋은 성적으로 합격했다. 남편에게 집에서 살림만 하기는 아까운 인재라고 자랑하고 싶었다. 하지만 입에 지퍼를 달았다.

다음은 실기시험이었다. 학원에 다녀야 하는데 수시로 우리 집에 오시는 시아버님과 깐깐한 남편 때문에 쉽지 않았다. 3주 만에 끝내려고 했던 것을 한 달 만에 겨우 끝냈다.

실기시험 치는 날이 왔다. 그날 아침도 하얀 이를 드러내고 웃는 남편 모습이 편안해 보였다. 나는 한 단계 업된 연기를 해 보였다. 우선 안면근육을 말랑말랑하게 했다. 말은 눈으로 했고 입은 시종일관 미소만 지었다. 애정 어린 동작으로 출근 준비를 도왔다. 배웅을 받으며 현관을 나서는 남편 얼굴에 '집에 잘 붙어 있어 고마워. 당신 덕분에 나는 행복해'라고 쓰여 있는 것 같았다.

남편을 보내자마자 앞치마와 함께 현숙한 아내의 가면을 벗어던져 버렸다. 집 안을 대충 치워 놓고 서둘러 시험장으로 갔다. 시험 순서는 처음 치는 사람부터 우선권을 주었다. 실기시험에 실패했던 아주머니들이 나에게 몰려왔다. 아주머니들은 자신의 실패담을 섞어 가며 주의해야 할 점을 친절하게 말해 주었다. 등받이 쿠션을 등에 대는 게 좋다면서 빌려 주겠다는 사람도 있었다. 나는 사양했다. 그들의 낙방이 나에게 전염될 것 같아서였다.

주행, 백 코스, T자 코스, S자 코스, 우선멈춤, 정지, 대충 이런 순서로 시험을 쳤다. 코스 시험의 마지막인 시험장 가장자리를 한 바퀴 돌아 나오는 관문만 남았다. 도는 과정에는 이것저것 장애물도 있었다. 무사히 통과하고 언덕을 넘어설 때였다. 어디서 '쾅' 하는 소리가 났다. 100m 전방, 내 앞에서 달리던 차가 시멘트 담을 들이박고 서 버린 것이었다. 내가 부딪친 것 같았다. 핸들을 잡은 손이 덜덜 떨렸다. 호루라기를 불며 안내인이 왔고, 나도 잠시 스톱했다.

사고난 차가 수습되는 데는 10분도 채 걸리지 않았다. 침착하게 다시 출발했다. 50m 전방에 도착점이 보였다. 손과 발에 모든 주의력을 집중시켰다. 50m! 그것만 통과하면 된다. 그런데 50m가 그렇게 멀 수가 없었다. 골인 지점 왼편에는 노란 줄이 쳐 있고 그 줄 너머에는 시험에 떨어진 아주머니들뿐만 아니라 할 일 없는 아저씨들까지 나를 주목하고 있었다. 드디어 도착 지점. 부드럽게 브레이

크를 밟았다.

줄 밖에 서 있던 사람들이 박수를 치고 있었다. 내 차를 보고, 아니 나를 보고. 환호와 갈채를 받으며 차에서 유유히 내렸다. 그들은 나를 향해 일제히 함성을 질렀다. 그런 환영을 받아보기는 생전 처음이었다. 얼떨결에 나도 그들을 향해 답례의 손을 흔들어 보였고 고개까지 몇 번 끄덕였다.

아주머니들이 나를 둘러쌌다.

"어느 학원에서 배웠어요?"

"얼마나 배웠어요?"

"어느 동네 살아요?"

"선생이 누구에요?"

오스카상을 받으러 가는 배우에게 몰려든 기자들 같았다. 그들 중에는 열 번도 더 떨어진 사람도 있다고 했다. 첫 번 시험에 붙은 것은 대단한 실력이라고도 했다.

질의응답이 끝났는데 그 여자들은 내 곁에서 떠나려 하지 않았다.

"나 지금 바빠서 가봐야 해요."

으스대면서 취재 기자들을 따돌리고 그 자리를 빠져

나왔다.

넓은 길로 나오자 마음이 바빴다. 집에 가서 저녁을 해야 하기 때문이었다. 마치 주술이 풀리기 전에 집에 도착해야 하는 신데렐라처럼. 택시를 잡아탔다. 택시를 타자마자 기사에게 운전 실기시험을 한 번 만에 딱 붙은 사람이라고 자랑했다. 그러곤 재촉했다.

“아저씨 동래까지 빨리 좀 갑시다. 빨리 가서 저녁밥 해야 합니다.”

“아니, 시험 합격한 사람이 무슨 저녁을 해요? 아저씨한테 근사한 저녁을 사 달라고 해야지.”

순간 화약에 불을 당긴 심정이었다. 가슴속에서 남편에 대한 원망이 폭발했다.

‘나보고 운동신경이 둔하다고? 그래서 차를 몰면 위험하다고?’

‘다른 아줌마들은 몇 번을 떨어진 시험을 단박에 붙은 나를 보고!’

‘차라리 차 사 주기 싫다고 솔직하게 말할 것이지.’

집에 가면 대판 싸울 생각이었다. 그러나 큰 것을 위해서는 웬만한 것은 참아야 한다고 내 미래의 은빛 자가용이 소곤거렸다.

실기시험 합격 후 흥분의 날들을 보냈다. 겁쟁이에다가 운동신경이 둔하다느니, 이혼이라는 말까지 들먹이던 남편에게 1, 2차 시험을 단박에 붙어 버린 여자라고 큰소리 칠 것을 생각하니 흥분되지 않을 수 없었다.

그렇게 해서 보름이라는 시간이 지났다. 드디어 면허증이 나왔다. 이제 모든 연극은 각본대로 끝나가고 있었다. 우리가 주고받을 마지막 대사만 남았다.

"나도 차 사 주이소."

"면허증도 없으면서 차는 무슨?"

"자! 여기 면허증 있어요."

남편이 놀라 기겁할 모습을 상상하는 이 극적 쾌감.

나는 그렇게 해서 눈부신 은빛 차 주인이 되었다.

내가 왜 지 마누란데

내 이름, 내 사진이 붙은 운전면허증. 자랑하고 싶었다. 차만 보이면 중얼거렸다.

"나도 운전할 줄 아는데."

"나도 증 있는데."

이웃에 사는 주미 엄마도 얼마 전에 면허증을 땄다고 했다. 사는 동네는 같아도 두 집의 남편들 사고와 두 집의 환경은 달랐다. 시댁이 코앞에 있는 우리 집. 한나절 안에 오갈 수 없는 그녀의 시댁. 우리 집 남자는 아내가 집에 조신하게 있기를 원했고, 그 집 남자는 매일 바깥으로 나돌아다녀도 문제 삼지 않았다. 우리 집 남자는 아이들에게 권위 있어 보이는 '아버지'로 불리기를 원했고, 그 집 남자는 다정해 보이는 '아빠'로 불리기를 원했다. 주미 엄마가 부러울 때가 많았다.

하루는 그녀가 제의했다.

"언니, 우리 운전기사 한 사람 구해서 교외로 연수 갈까예?"

차가 있다 해도 연습 부족으로 몰 수도 없던 차에 솔깃했다. 처음엔 엄두도 못 낼 일이라 생각했다. 모르는 남자와 차를 타고 돌아다닌다고? 그것도 내가 운전대를 잡고? 생각만 해도 죄를 짓는 것 같았다. 이것저것 걸리는 게 많았지만 눈 딱 감고 그러자고 했다.

그 남자는 선생 자격증은 없지만 잘 가르친다고 소문난 사람이라 했다. 만나보니 거무튀튀한 얼굴에 머리카락은 포마드를 발라 번들거렸다. 거기에다 키는 작달막했고 딱 붙는 백바지까지 입었다. 촌놈이 비단옷 입은 것처럼 도무지 어울리지 않았다.

그는 40대 중반이랬다. 30대였던 우리한테 가끔씩 반말을 섞기도 했는데 주미 엄마를 더 만만하게 대했다. 점잖지 못한 차림새가 마음에 안 들었다. 예의가 없는 점은 더 마음에 안 들었다. 마음에 드는 것이라곤 레슨비가 싸고 시간을 나한테 맞출 수 있다는 것뿐이었다.

처음과 두 번째는 동네에서 한두 시간 정도 걸리는 무난한 코스였다. 서툰 운전에 몰래 다니는 부담감으로 불안하기는 했지만 스릴이 있었다. 마칠 때쯤에는 아쉬움이 남았다. 세 번째는 좀 멀리 가보자고 간 큰 제의를 했다. 내 간덩이가 조금씩 팽창되어 갔던 것이리라.

해운대 달맞이길을 거쳐 송정까지 왕복 네 시간 이상 걸리는 코스. 바로 그 유명한, 연인들의 드라이브 코스였다. 머플러를 두르고 바바리코트를 걸친 내가 먼저 운전대를 잡았다. 옆에 앉은 선생한테 몇 번 주의를 들었지만 달맞이고개까지 무사히 갔다. 고갯마루에서 잠시 쉰 다음 주미 엄마와 교대했다.

비로소 바깥 경치가 보이기 시작했다. 거기서 송정으로 가는 길은 구불구불했다. 커브를 돌 때마다 내 몸이 바다로 떨어지는 것 같았다. 이승과 저승을 오갔다. 선생도 부동자세로 마른침만 삼켰다. 거의 한 시간쯤 지났을까? 송정으로 접어들었다. 거기서부터는 길이 완만했다. 안도의 한숨이 나왔다. 주미 엄마 얼굴이 탱자처럼 노랬다.

좀 쉬어 가기로 했다. 선생이 안내하는 골목길로 접어들었다. 갑자기 길이 좁아졌다. 맞은편에서 오던 트럭이 우리

차 옆을 지날 때 덜커덕 소리가 났다. 순식간이었다. 누구 잘못인지는 몰랐다. 우리 차 운전석 백미러가 찌그러졌다.

조수석의 선생 기사가 잽싸게 내렸다. 주미 엄마는 떨고 있었다. 트럭 기사가 우리 측 잘못이라고 주장하는 것 같았다. 정신을 가다듬은 주미 엄마가 상황 설명을 하려고 차에서 내려 입을 떼자마자 그 선생 기사가 벼락같이 소리를 질렀다.

"시끄럽다 마…."

"……."

"니는 들어가라!"

"……."

"안 들어가나!"

때릴 기세였다. 울상이 되어 차 안으로 들어온 그녀. 참담했다. 우리는 벙어리처럼 앉아 있었다. 그 무거운 침묵을 비집고 송정 바다의 파도가 '쏴아' 하고 밀려왔다. 우리 대신 욕을 하는 것 같았다. '순 상놈'이라고.

트럭 기사가 떠났다. 차 주위를 쓱 돌아보더니 비워 논 운전석에 올라탔다. 이제 사과하겠지. 그러나 대뜸 제 말부터 했다.

"차에서 나오기는 왜 나와요?"

"내만 잘못한 게 아닌데…."

"승용차로 연수를 하면 어떻게 되는 줄 몰라요?"

눈을 부라리며 우락부락한 얼굴로 두 여자를 겁주었다.

만약에 트럭 기사가 그걸 알게 되면 자기가 아닌 주미 엄마가 감옥에 갈 수도 있다고 했다. 주미 엄마를 자기 마누라라고 했기 때문에, 능숙한 임기응변 덕분에 일이 잘 해결된 줄 알라고 했다.

머리가 먹먹했다. 남의 부인을 제 집 강아지 야단치듯 했으면서 사과는 한마디도 없었다. 미안하다는 말부터 해야 하는 것 아니냐며 따져야 하는데 붙은 입이 떨어지질 않았다. 똑똑한 줄 알았던 주미 엄마도 나만 쳐다보고 있었다.

기사는 찌그러진 백미러만 속상해하고 있었다. 그보다 더 찌그러진 우리 앞에서. 돌아가자는 말로 이 사건을 종결지으려고 했다. 투덜거리며 액셀러레이터를 밟았다. 납치당한 여자들처럼 실려 오는 동안 불만과 분노와 수치심이 가슴속에서 울부짖고 있었다.

'조수석에 브레이크 장치도 없는 차를 가지고 나온 게

지 잘못이지 와 우리 잘못이고?'

'감옥 간다면 선생 자격증 없는 지가 가지, 와 주미 엄마가 가?'

'누굴 바보로 아나?'

'어디서 반말이고, 반말이!'

밀려왔다가 돌아가는 파도처럼 목구멍까지 올라왔다가 들어가는 말. 파도의 포말은 하얗건만 끓어오르는 내 속의 포말은 새까맸다. 애초부터 교양이라고는 없어 보이는 사람을 선생으로 채용한 것이 잘못이었다. 그보다도 아무 남자와 차를 타고 돌아다니겠다는 생각 자체가 틀려먹었는지도 모를 일이었다.

그는 집 근처에 우리를 내려주고는 언제 또 만날 것인지 물었다. 우리는 고개만 가로저었다.

돌아서는 차 뒤통수에 대고 주미 엄마가 그제서야 한마디했다.

"내가 왜 지 마누란데…."

나도 한마디 했다.

"팔자에 없는 건달 마누라 됐네."

그때는 그렇게 매정하게 돌아서 버렸다.

하지만 어느 날부턴가 손님을 놓쳤다는 아쉬움에 허탈해할 기사의 쓸쓸한 뒤통수가 눈에 밟혔다. 고달픈 삶에서 나온 무례함이었을 거라고, 조금만 이해를 했더라면 좋았을 걸. 나이들수록 후회만 늘어 가는 것이 인생인지도 모르겠다.

오늘 또 어데 갔더노

"우리 집사람입니다."

"우리 안사람입니다."

남편이 나를 소개할 때 쓰는 말이다. 아내란 표현을 겸손하게 나타내는 호칭으로 알고 있는 나에게 어느 날 남편은 크게 유식한 척 이렇게 말하는 것이었다.

"여자는 집에 있어야 하기 때문에 '집사람'이고, 안에 있어야 하기 때문에 '안사람'인 거야."

조선 시대 가부장적 권위로 부인한테 채우던 족쇄를 21세기 신여성 중 신여성인 나한테 채워 보려는 의도임에 틀림없었다. 스물네 살 갓 시집왔을 때야 내 마음도 옥양목처럼 순수했고, 명주고름처럼 보드라웠다. 그러니 남편 앞에서는 언제나 수양버들 가지처럼 호리낭창, 나긋나긋하였다. 곧 아이 넷 낳아 오순도순 깨가 쏟아졌다. 집사람도 좋았고, 안사람도 좋았다. 남편이 내 생활을 단단히 조여도 그것을 사랑의 올가미라 여겼고, 남다른 사랑이라 생각했다.

세월이 흘러 어느덧 나도 학부형이 되었다. '집사람'으로만 살았던 내가 공식적인 학부모 모임에 나가게 되었다. 때로는 그들과 수다를 떨며 새로운 세계에 발을 들여놓았다. 그때부터 걷잡을 수 없이 일어나는 갈등과 파문. 마침 내 사달이 나기 시작했다. 우리 부부의 금실을 시샘하는 운명의 신이 그랬을까? 알지 말아야 할 걸 알아버리고 만 것이다. 사랑의 올가미로 여겼던 것이 구속의 올가미라는 것을.

옆집 시부모님과 동네 어른들까지도 나를 구속하는 감시 카메라로 여겨졌다. 그동안 "예스, 예스" 하며 상하로 끄덕이던 머리가 나도 모르는 사이에 "노, 노" 하며 좌우로 도리질을 하고 있었다. 까르르르 온 집안을 굴러다니던 웃음소리는 점점 사라져 갔고, 끝내는 한랭전선이 안방까지 쳐들어왔다. 집을 나가 버린 그 행복이란 것이 우리 집 울만 넘으면 있을 것 같았다. 더 이상 망설이지 않았다. 대문을 박찼다. 대문 밖의 세상은 딴 세계였다.

그날도 애들 넷 모조리 학교에 보내고 막내아들 친구 태훈이 엄마랑 광복동에 가기로 했다. 그 엄마가 승용차를 몰았고, 나는 옆자리에 앉았다. 80년대 초는 요즘같이 사람도 차도 많지 않았기에 마음만 먹으면 차 안의 사람도 볼 수 있었다. 쇼트커트에 체격이 큰 태훈이 엄마는 얼핏 보면 남자 같기도 했다.

출발 때부터 참았던 소변을 목적지 가까이 갔을 때 더 이상 참을 수가 없었다. 두리번거리는데 '로얄호텔'이란 간판이 눈에 들어왔다. 촌각을 다툴 만큼 급했지만 품위를 지키느라 유유히 호텔 안으로 들어가서 가까스로 볼일을 보았다.

나는 시집올 때부터 종부라는 타이틀이 붙여졌고, 부지런히 농사지은 덕에 젊은 나이에 네 아이 엄마가 되었다. 종부, 맏며느리, 애 넷 딸린 엄마 역할까지 본격적으로 하면서부터 눈만 뜨면 시장을 쫓아다녀야 했다. 장돌뱅이가 되어 가고 있을 그 즈음, 비로소 광복동으로 진출했던 것이다.

입구부터 화려한 쇼윈도가 시장을 주무대로 활동하던

아지매를 자극했다. 멋진 핸드백에, 뾰족구두를 신은 여자들이, 결혼해서 지금껏 눌리고 눌린 나의 욕망에 불을 질렀다. 그 불은 나를 지배하고 있던 남편도, 자식도, 시부모도 깡그리 태워 버릴 기세로 타올랐다. 마침내 자유 여인이 되어 오랫동안 접혀 있던 네 활개를 활짝 펼쳤다. 그 옛날 서울 명동 거리를 누비던 물 찬 제비처럼 나도 광복동을 누볐다.

저녁때가 되어 집에 오니 그때서야 생각이 나는 것이었다. 내가 고만고만한 애 네 명에 사감 선생 같은 남편의 눈치를 살펴야 하는 '집사람'이란 사실이. 남편 퇴근까지는 겨우 두 시긴 남짓. 발등에 불이 떨어졌다. 숨 쉬는 횟수도 줄여 가며 거룩한 밥상을 마련했다. 결코 아무 데도 나가지 않았다는 어설픈 알리바이를 성립시키기 위해.

그리고 남편이 좋아하는 누드 화장으로 고쳤다. 〈바람과 함께 사라지다〉의 '비비안 리'를 흉내 낸, 허리는 잘록, 가슴은 보일 듯 말 듯한 섹시한 홈웨어도 입었다. 그날은 밥상머리에 좀 더 다가가 앉았다. 그리고 목소리에 가능한 한 비음을 많이 섞는 것도 잊지 않았다.

그런데 다른 날과 달리 아내를 먼 산 바위 보듯 하는

남편. 돌이라도 씹은 껄끄러운 표정을 보는 내 가슴은 떨리고 있었다. 뉘엿뉘엿 넘어가는 초여름 저녁 해를 보며 오늘의 비밀 외출이 저 해와 함께 잘 넘어가 주기를 빌었다.

그러나 숟가락 놓기가 무섭게 나를 부르는 퉁퉁 부은 목소리.

"일로 와 봐라."

"왜요?"

나는 우리 집 개모양 킁킁거리는 콧소리를 냈고, 한복 치마꼬리 올리듯 말꼬리를 싸잡아 올렸다. 얼버무려 보려는 의도였다. 안방 안에 또 안방, 밀실로 나를 불러들이는 남편 이마에 없었던 내 천川 자가 보였다. 그 밀실은 우리 부부가 밀담을 나눌 때도 쓰이지만, 불려 들어가 문초(?)를 당할 때도 이용되는 취조실이기도 했다.

"오늘 낮에 어데 갔더노?"

평소에 하던 유도심문으로 생각했다. 말려들지 않았다.

"오늘 언제요?"

그러나 남편은 갈팡질팡하는 내 눈동자에 포커스를 맞추고 놓아주지 않았다. 위기를 느꼈다. 순간 머리를 스치는 예리한 번득임.

"아~ 오늘 애들 학교에 갔다 왔어요."

"학교는 말라꼬?"

완벽한 알리바이를 성립시켜야 했기에 양심 위에 얼른 철판을 깔았다.

"주연이 담임 선생님 좀 만나려고요."

"학교 갔다가는 어데 갔는데?"

"어디 가기는요! 집에 왔죠. 왜 그래요?"

거짓말이 탄로날까 봐 겁나는 눈은 방바닥에 놔둔 채 목소리만 크게 냈다.

"학교 갔다가 아무 데도 안 갔다 말이가?"

"……."

"와 대답이 없노?"

"갔더나? 안 갔더나?"

수사관이 죄인 심문하는 듯했다.

"당신이 수사관이에요? 왜 따져요?"

"딴소리 하지 말고 대답이나 해라."

이쯤 되면 대답을 해도 안 해도 결과는 똑같다. 아예 입에 자물쇠를 채워 버렸다. 성정이 느긋한 남편도 그날은 더 이상 기다리지도 참지도 않았다. 즉시 직격탄을 쏘아댔다.

"호텔에는 말라꼬 갔더노? 누구랑 갔더노?"

기가 막혔다. 호텔이라니! 되 값이 말 값이 돼 버렸다.

"태훈이 엄마랑 광복동 가다가 오줌 누러 갔는데, 화장실도 못 가요?"

"진짜 태훈이 엄마 맞나?"

"맞다 안 그랍니까!"

쥣값을 열 배나 부풀려서 말한 남편이 괘씸하게 생각되어 쇳소리를 냈다. 울먹이는 척도 했다. 되 값을 홉 값으로 깎아 보려고.

나중에 안 일이지만 남편 회사 직원이 그날 로얄호텔에 볼일 보러 갔다가 차 안의 우리를 보았고, 운전석의 그 엄마를 남자로 보았던 것이다. 입 싸게도 남편한테 고자질까지 하다니. 남의 말만 듣고 사랑하는 아내를 의심했다는 걸 알았을 때, 나는 몹시 우울했다. 내 남편의 의식이 저 품격인 것 같아서였다.

울먹이는 아내가 안돼 보였던지, 아니면 태훈이 엄마의 외모를 알기 때문인지 더 이상 따지지는 않았지만, 다른 트집을 잡았다. 집 안에 할 일이 태산 같은데 집사람이 어딜 돌아다니느냐고 훈육 선생처럼 또 야단쳤다. 내 할 일다 해놓고 나가는데 왜 참견이냐고 대들었다. 이때는 나도 동네 시장만 다니던 순진한 아지매가 아니었다. 낮에 보았던 광복동의 세련되고 당당한 여자들처럼 남편과 수평으로 사는 여자가 되어 있었다.

"마당에 풀이 저렇게 많은데 머를 다했다 말이고!"

나는 숨이 막혔다. 애들 넷 수발, 그 많은 제사, 옆집에 사시는 호랑이 같은 시아버님, 동네 시어머니들, 게다가 앞집, 뒷집, 온 동네 개 눈치까지 살피고 나가야 하는 나한테 풀까지 뽑으라는 것이었다. 풀을 뽑게 해서라도 나가지 못하게 하려는 남편의 놀부 심보. 신문고라도 울려 억울한 사연을 만천하에 알리고 싶은 심정이었다.

"당신이 팥쥐 엄마요! 언제 저 풀을 다 뽑고 나가요!"

불의에 도전할 수 있는 현대판 콩쥐가 된 나는 서러움에 북받쳐 울었다. 그 이후에도 팥쥐 엄마 같은 남편은 콩쥐 같은 아내를 수시로 점검했다.

"오늘 또 어데 갔더노?"

"목욕 갔어요."

"무슨 목욕을 하루 종일 하노?"

"……."

"오늘 또 어데 갔더노?"

참말, 거짓말을 섞어서 주로 하는 대답은 애들 학교였고, 아니면 시장, 병원, 목욕탕 같은, 내가 가는 곳 중에 가장 명분 있는 곳이었다. 무슨 학교는, 시장은, 목욕은 그래 자주 가고, 오래 걸리느냐고 따졌지만, 그때마다 내 비장의 무기인 애들을 들이대곤 했다.

그런 세월이 참 많이도 흘렀다. 우리 부부 싸움 제1 주제였던 '오늘 또 어데 갔더노?' 소리를 안 들은 지도 벌써 대여섯 해는 된 것 같다. 삼십 년이 훌쩍 넘도록 들어오던 소리였다. 처음에는 아주 속시원했지만 요즈음은 조금 섭섭하기도 하다. 심지어 그 지긋지긋하던 소리가 가끔씩 그리워지기도 한다.

서로에게 관심이 없어진 것은 아닌 것 같은데, 아무래도 두 사람 다 늙어 버린 것인가. 줄기차게 나돌아다니던 나도, 끈질기게 다그치던 남편도 태풍이 지나간 들판처럼 이제 잠잠해졌으니 말이다.

길은 눈으로 찾나

지금처럼 길을 안내해 주는 내비게이션이 없었을 때 일이다. 남편과 함께 우리가 방문할 집을 찾아 나섰다.

남편은 한 번도 간 적이 없고 나는 여러 번 갔었다. 하지만 갈 때마다 편안히 앉아서 따라만 다녔으니 정확히 말하면 나도 처음 가는 길이나 다름없었다. 그런 나에게 길 안내를 하라고 했다. 운전석에 앉으면서 남편의 굳게 다문 입을 보니 아무 말은 하지 않았지만 정신 똑바로 차리고 안내 잘 하라는 강한 메시지가 느껴졌다.

주눅 든 내 마음은 아랑곳하지 않고 차는 벌써 달리고 있었다. 머릿속에 송파구, 잠실, 시장이란 단어가 분주히 지나가는가 싶었는데, 어느새 목적지 부근까지 와 있었다.

"인자 어디로 가노?"

나를 쳐다보는 얼굴이 평소 너그러운 표정과는 사뭇 다르게 사무적이고 쌀쌀했다. 그런 남편이 너무나 얄밉고 야속했다.

"잘 모르겠어예."

입 안에서 우물거렸다.

"아니, 한두 번도 아이고 몇 번이나 왔던 길을 모른다 말이가! 도대체 눈은 감고 다니나, 뜨고 다니나!"

남편이 갑자기 고등학교 때 훈육 선생님이 되어 있었다. 목까지 올라온 분함을 억누르고 있는 나보고 또 물었다.

"여기서 어데고? 오른쪽이가, 왼쪽이가?"

오른쪽인 것 같기도, 왼쪽인 것 같기도 하여 대답을 못했다. 그랬더니 본격적인 지청구를 해댔다.

"아이큐가 몇이고? 바보 아이가!"

그 말은 간신히 돌아가던 내 머리를 완전 작동 오프시켜 버렸다. 이쪽 아니면 저쪽, 확률은 50%지만 잘못 들어서면 엄청 헤매게 되고 약속시간은 촉박하니 이성으로는 미안함이 왜 없었겠나. 그러나 아이큐니 바보니 하는 남편의 모욕적인 언사에 오직 분하다는 감정만이 요동치고 있었다.

시집가기 전 친정 엄마의 당부도 있고 해서 웬만하면 넘어가려고 했으나 그날만은 도저히 참을 수가 없었다.

"길을 눈으로 찾아가는 줄 알아요? 마음으로 찾아가지. 알지도 못하면서! 나는 이 길을 갈 때마다 마음이 다른 데 가 있었다고요!"

벌겋게 상기된 얼굴에 가자미눈으로 따발총을 쏘았다. 그것으로도 부족한지 눈물까지 쏟아졌다. 이미 이성을 잃어버린 것 같았다. 생각지 않던 반격에 당황했는지 남편이 갑자기 부드러워졌다. 잘 생각해 보라며 달래기까지 했다.

'이럴 줄 알았으면 다른 데 가려는 마음을 꽉 붙들고 열심히 길을 익혔어야 했는데….'

시장만 보면 동공이 커지고 머리가 반짝반짝하는 여자여서 그날도 시장 부근에 오자 이 골목 저 골목 기웃거리며 '저 갈치 참 싱싱하네, 무 넣고 졸이면 맛있겠다' 하며 입맛부터 다시고, 하얀 머리를 하고도 다부지게 앉아 있는 할머니한테서는 때 이른 냉이와 씀바귀도 사고, 마음은 이것저것 장을 보고 있고 몸에 붙은 눈만 차에 실려 있었다. 마음 없이 눈만 가지고는 도저히 길을 익힐 수가 없었던 것 같다.

대학교 때 일이다. 버스를 타고 무심결에 창밖을 보다가 '아! 저기 가는 여자 참 멋있다' 하는 찰나 몸과 눈은 버스에 남겨 둔 채 마음만 쏙 빠져 나와 그녀와 어깨를 겨루고 있었다. 바이올렛색 맥시 원피스와 검정색 에나멜 벨트로 S라인을 강조하고 으스대며 걷다 보니 내려야 할 종로를 한참 지나 명동 아가씨들과 어울리고 있지 않았던가! 마음 없이 혼자 된 눈은 직무를 유기하고도 미안한 기색조차 없었고, 오히려 마음이 안타까워할 뿐이었다.

그 후 길을 나설 때마다 마음을 몸에 단단히 동여매어 보지만 얼마 못 가 행방이 묘연해지기 일쑤였다. 낙엽이 쌓이면 '시몬'이 된 나는 낙엽 위에서 떠날 줄 몰랐고, 눈보라가 치는 날은 '라라'가 되어 눈썹 위에 하얀 눈이 내린 '지바고'를 만나러 가기도 했다.

몸의 눈은 사물의 겉만 본다. 아니, 마음이 따르지 않으면 그것도 못 본다. 결국 무엇을 보고 안다는 것은 몸의 눈이 아니라 마음의 눈이 하는 역할 아닐까. 시공을 초월하며 바람 따라 구름 따라 자유분방하게 쏘다니는 내 마음. 아무래도 평생 길치를 면하기는 어려울 것 같다.

어떤 슬픈 착각

심부름하는 애를 앞세우고 시장에 다녀오는 길이었다. 아파트 단지 입구에 이르니 트램펄린이 설치되어 있는 것이 보였다. 그리고 그 옆에는 늙수그레한 아저씨가 확성기에 대고 익살 섞인 목소리로 소리를 지르고 있었다.

어서들 와요, 어서들 와!
날이면 날마다 오는 게 아니고 오는 날만 옵니다.

어서들 와요, 어서들 와!
키 작은 아이는 키 키워 주고,
살찐 사람은 살 빼주고,
야윈 사람은 살찌게 해 줍니다.

어서들 와요, 어서들 와!
소화 안 되는 사람은 소화시켜 주고,
늙은 엄마 요실금 없애 주고,
젊은 엄마 자궁 튼튼하게 해 줍니다.

어서들 와요, 어서들 와!

아이가 넷인 나는 자궁을 튼튼하게 해 준다는 마지막 말에 귀가 솔깃했다. 아니다. 그보다는 남의 집 며느리로, 또 네 아이 엄마로 살아오는 동안 나를 얽매고 있던 보이지 않는 중압감으로부터 탈출해서 하늘 높이 날아오르고 싶었는지도 모른다.

폴짝폴짝 뛰는 작은 아이, 풀쩍풀쩍 뛰는 큰 아이들을 보면서 나도 뛰고 싶었다. 그러나 어른은 아무도 올라가지 않았다. 딱 한 여자가 네댓 살 된 아이 손을 잡고 올라가 뛰고 있을 뿐이었다. 나는 많이 아쉬웠다. 큰애 둘은 학교에 가고 작은애 둘은 학원에 갔기 때문이었다.

그러나 뛰고 싶은 욕망은 멈추기를 거부했다. 할 수 없이 싫다고 빼는 심부름하는 애를 데리고 올라갔다. 처음에는 부끄럽기도 해서 치마를 감싸쥐고 조신하게 뛰었다. 그러나 시간이 지날수록 탄력이 붙고 중심을 잡기 위해서라도 양팔을 쫙 벌리고 뛰지 않을 수 없었다.

치맛자락이 바람에 휘날렸다. 새 날개처럼. 탄력은 점점 강력해졌고 나는 그만큼 지상으로부터 높이 날아오르고 있었다. 밑에 둘러선 사람들이 작게 보이고, 나무와 전신주의 키가 작아지고 세상이 모두 발아래 있는 것 같았다.

신이 났다. 나비처럼 새처럼 날고 있었다. 비상이 주는 쾌감! 뛰고 또 뛰었다. 높이 올라갈수록 지구의 중력으로부터, 일상의 중압으로부터 탈출하는 기분이었다. 그대로 우주 공간으로 아주 날아가 버린다 해도 멈출 기뷴이 아니었다. 다리에 힘을 더 주자 탄력을 받은 트램펄린은 부추기듯 푸른 하늘 높이 나를 쏘아올렸다.

그때 우리 동 아파트에서 무슨 기척이 느껴졌다. 자세히 보니 남편이었다. 더 정확히 말하자면 남편이 나를 향해 손짓을 하고 있었다. 반가웠다. 나도 손을 흔들었다. 우리들의 두 시선은 공중에서 섬광처럼 부딪혔다. 내가 높이 날아오를수록 남편의 손짓은 더욱 요란해졌다. 남편과 나 사이에 쌓였던 불만도 모두 바람에 날아가 버리는 것 같았다.

더 힘을 주어 뛰었다. 아니, 매트를 떠나 아예 남편에게로 날아가고 싶었다.

'아이를 넷이나 낳은 여자가 저렇게 발랄할 수가!' 하면서 오랜만에 보는 나의 모습에 남편은 분명 감동하고 있음에 틀림없었다. 집에 들어가면 나를 안고 거실을 열 바퀴쯤 돌리라.

트램펄린에서 내려와 남편이 기다리고 있을 집으로 향했다. 그를 너무 오래 기다리게 하고 싶지 않았다. 부풀어 오른 가슴으로 문을 힘껏 열었다.

"여보, 나야!"

그런데 이게 웬일인가. 희색이 만면해서 두 팔 벌려 맞아줄 줄 알았던 남편은 간 곳이 없고 낯선 남자가 나를 향해 삿대질을 하면서 고함을 질렀다.

"뭐하는 짓이고? 여자가 대낮에 풀쩍풀쩍 뛰면서. 부끄럽지도 않나!"

"동네 창피스럽어서 인자 우째 나가노!"

"오라카믄 빨리 오기나 할 것이지, 손은 와 흔드는데?"

붉으락푸르락 씩씩거리며 남편은 기관총을 난사하는 것이었다. 현관 입구에 선 채 들어갈 수도 나갈 수도 없이 퍼부어대는 탄알을 방탄복도 없이 고스란히 온몸으로 받을 수밖에 없었다. 그때 숭숭 뚫린 머릿속으로 스치고 지나가는 생각이 있었다.

'아, 이런 사람하고 사랑하느니 어쩌느니 하면서 아이를, 그것도 넷이나 낳아 주다니….'

내 눈에는 어느새 눈물이 고이고 있었다. 그 손짓이 빨리 오라는 명령이었다니. 발랄한 젊은 아내의 행동에 박수를 보내는 줄 알고 그에게 달려온 내가 어리석게만 여겨졌다. 순간 "네, 네" 하면서 순종에만 익숙해 있던 내 입이 뜻밖에 한마디 내뱉는 것이었다.

"그래 뛰는 것도 죈가예?"

단호한 그 한마디가 남편에겐 의외였던지 조금 누그러진 듯했지만 한참동안 여전히 씩씩거리고 있었다. 나도 억울해서 남편보다 더 씩씩거렸다. 그러나 정작 자궁이 튼튼해진다고 해서 당신을 위해 뛰었노라고는 말하지 않았다. 아니, 말할 수가 없었다. 다만 나의 착각이 슬플 뿐이었다.

A SUMMER PLACE

바다, 해운대 바다…. 세월이 무수히 흘렀건만 또렷이 떠오르는 그때, 그곳에서의 일.

남편 친구들과 부부 동반으로 만난 지 십 년이 넘은 어느 해 여름이었다. 부부 일곱 쌍은 해운대에서 저녁을 먹고 바닷가로 걸음을 옮겼다. 남자들은 앞서가고 여자들은 언제나처럼 그 뒤를 따랐다.

비릿하면서도 상큼한 갯냄새. 화려한 불빛. 모래 위엔 인파가 끝이 보이지 않는 물결처럼 출렁거렸다. 현란한 밤 무대 같은 바다. 네온사인 아래 청춘 남녀들의 뜨거운 애정 행각은 가정에서 살림만 하던 40대 초반 아녀자의 눈을 부시게 했다. 노랫소리, 마이크 소리, 웃음소리, 울음소리, 고함소리…. 복합된 음향으로 귀청이 얼얼했다.

그날도 바다는 가만히 있는 나를 뒤흔들었다. 같이 걷던 여자들도 파도에 흔들렸던 것일까. 한 사람씩 차례로 기수를 돌리기 시작했다. 남편들이 걸어가는 반대 방향으로. 그들과는 아무 관계가 없다는 듯. 우리가 가야 할 길이 아니라는 듯이. 그중 심지가 약한 여자들은 조금 가다가 자동반사적으로 뒤돌아보았다. 그런데 남편들은 같이 굴러가던 뒷바퀴가 떨어져 나간 줄도 모르는 것 같았다. 양어깨를 곧추세우고, 기분 좋아 보이는 뒤통수였다. 어쩌면 그림자처럼 따라다니는 아내들이 스스로 떨어져 줘서 고맙게 생각하는 것도 같았다. 서운한 감정이 파도가 모래를 적시듯 전신에 스며들었다. 방향 전환을 할 때 살짝 미안했던 마음이 싹 가셔 버렸다.

점점 멀어져 가는 남편들과 상반되게 파도는 애인처럼 가깝게 다가왔다. 자유, 낭만이란 단어들이 입가에 맴돌았다. 잠자고 있던 열정이 꿈틀거렸다. 몸 곳곳에서 스파크가 일어났다. 일탈, 반란, 이런 단어들이 가슴속에서 분출하기 시작했다.

앞바퀴가 우리 시야에서 가물가물해지자 우리는 둥그렇게 앉았다. 처음에는 서로 눈치만 보더니 얼마 못 가 지나가는 근육질 남자들을 흘끔거렸다. 우연히 그들과 눈이 마주치면 가슴이 벌렁거렸다. 그러나 정작 우리를 흘끔거리는 남자들한테는 뻣뻣하게 굴었다. 사람 심리는 알 수 없다. 아니, 여자의 마음은 알 수 없는 것이다.

저만치 떨어진 곳에서 커다란 커피포트를 든 아주머니가 모래 위를 뛰듯이 걸어오고 있었다. 큰 젖가슴이 그녀보다 더 바쁘게 뛰었다. 커피를 팔려고 오는 줄 알았다. 그런데 알고 보니 우리들을 중매하려고 왔던 것이었다. 그녀는 중고품끼리 짝지어 주는 중매쟁이, 소위 피서지의 '마담 뚜'였다. 그런 직업이 있는 줄은 그때 처음 알았다.

숨을 고르고 난 '뚜'는 바로 본업에 착수했다. 어디서 왔느냐는 것부터 물었다. 한 여자가 대구에서 왔다고 둘러댔다. 여자들끼리 대구에서 부산까지 놀러왔다면 알만하다고 생각했는지 '뚜'의 입이 대접만 해졌다. 한 수 더 떠 거친 부산 남자와 살가운 대구 여자는 한복에 코고무신처럼 잘 어울리는 궁합이라고 너스레를 떨었다.

다음은 우리가 궁금해하던 상대 남자들에 관해 입을 열었다. 첫 번째 관심사인 생김새에 대해서는 자기 허리 둘레처럼 두루뭉술하게 말했다. "괜찮게 생겼어요"라고.

하지만 첫인상이 좋고 분위기 있어 보이더라는 대목에서는 악센트를 주었다. '뚜'가 말하는 분위기 있는 남자라는 것이 그윽하게 여유롭다는 뜻인지, 아니면 남성적인 매력이 있어 보인다는 뜻인지는 알 수 없었지만 둘 다 괜찮았다. 무엇보다 기막힌 것은 선남선녀가 똑같이 일곱 명이라는 것이었다. 언뜻 생각해도 예사 우연은 아닌 것 같았다.

'뚜'가 말했다.

"이건 천우신조라예."

그때 퍼뜩 바람처럼 스쳐 지나가는 생각이 있었다. 일편단심 민들레의 마음을 떠보기 위한 하느님의 시험인가 하고.

살짝 시들긴 했지만 그래도 우리는 꽃이었다. 일단 나비들을 데리고 오라고 했다. '뚜'는 남자들 쪽으로 가면서 한쪽 눈을 찡긋했다. 중매가 성사될 가능성을 암시하는 것 같았다. 그러는 '뚜'가 마음에 들었다.

얼마 지나자 '뚜'가 앞장서고 대표인 듯한 나비가 그 뒤를 따랐다. 갑자기 호흡이 가빠져 옴을 느꼈다. 꽃들은 가까이 다가서는 나비를 일제히 주목했다. 그 순간 '악' 소리를 지를 뻔했다. 그는 우리 일행인 '호선이 아버지'였다.

'빵!' 하는 소리가 났다. 빵빵했던 우리들의 기대가 터져 버리는 소리였다.

"아~ 이럴 수가…."

꽃을 만나러 오던 대표 나비도 우뚝 멈춰 버렸다. 웃을까 울까 애매모호한 표정으로 말뚝처럼 서 버린 나비. 나비를 올려다보던 꽃들은 일제히 머리를 숙였다. 머리를 가슴에 곤두박은 채 폭발하려는 웃음을 두 손으로 힘껏 밀어넣었다. 내막을 모르는 '뚜'가 큰 소리로 말했다.

"사모님들예, 고개 좀 드이소. 요새 세상에 뭐가 부끄럽다고 그랍니까. 참 순진하기도 하제. 쯧~쯧."

'뚜'는 고개를 들라고 안달복달했다. 입술을 깨물고 천천히 고개를 들었다. 그리고 우리 쪽 누군가가 실망과 불만 가득한 나비에게 시비를 걸었다.

"이마에 주름이 좀 있네예."

"그쪽도 마찬가지구마."

"흰 머리카락도 있네예."

"뭐라꼬요? 흰 머리카락? 이 밤에 무슨 흰 머리가 보인다는 거요!"

파도 소리는 여전한데 남녀의 대화는 끊어졌다. 대표로 선발되어 온 나비는 일곱 여자들의 쌀쌀한 눈총을 맞고는 비실비실 돌아섰다. 나비의 꺾인 목덜미에는 낭패스러움이 그득했다. 길게 목을 빼고 있을 동료 나비들을 떠올렸을까, 아니면 그들이 보일 반응이 걱정스러웠을까. 처진 날개가 모래 속에 묻힐 것 같았다.

후끈했던 주위가 금세 싸늘해졌다. 달아올랐던 일곱 여자들의 가슴에 찬바람이 몰아쳤다. 바다 속에선 전복인 줄 알고 꽉 잡았는데 올라와 보니 조개껍데기였다니. 기대가 크면 실망도 큰 법!

그날 이후로 바닷가의 일은 아무도 꺼내지 않았다. 다만 아내들끼리, 남편들끼리 바닷가에 가는 일은 서로 삼가는 것 같았다. 상대방의 경계 눈빛 때문만은 아니었을 것이다. 스스로 감당하기 어려운 기회가 또 올까 봐, 그래서 평탄한 가정에 실금이라도 생길까 봐 그랬을 수도 있었다.

그날도 바다는 조금씩 굳어져 가는 나의 이성을 끝내 마비시켜 버리지 않았던가.

혼미해진 나의 이성으로 해운대 백사장이 대서양의 백사장이 되어 버렸다. 영화 'A SUMMER PLACE'의 황홀했던 컷들이 긴 해변을 따라 미디어 파사드처럼 스크린 되어지고 있었다. '앤디 윌리암스'의 매끄럽고 감미로운 목소리가 수평선 위로 은은하게 굴렀다.

나는 끝내 일탈하고 말았다. 나는 누구의 아내가 아니었다. 누구의 엄마도 아니었다. 나는 '산드라 디'였다.

지금 그녀 곁에는 누가 있을까

아들이 열다섯 살 때였다. 딸 셋 낳고 얻은 아들. 그 아들이 외국 유학을 가게 되었다. 365일 끼고 살아도 불안할 나이. 그런 아이를 이국땅에 보낸다는 자체가 어미로선 견디기 어려운데, 남편은 바쁘다는 이유로 나 혼자서 아들을 미국 학교에 데려다 놓고 오라는 것이었다. 갈 일도 걱정이었지만 돌아올 일은 더 걱정이었다. 나는 아들 손을 굳게 잡고 입술을 깨물었다.

존에프케네디 공항에 도착했을 때도, 우리가 묵을 호텔에 가서도 아들의 손을 놓지 않았다. 놓는 순간 우주 미아라도 될 것 같은 기분이었으니까.

모든 것이 낯선데 말조차 통하지 않으니 우린 벙어리가 될 수밖에 없었다. 입은 꼭 다물고 돈만 내밀었다. 어느 누구하고도 대화 한 번 할 수 없었다. 그러다가 호텔방에 들어오면 그동안 봉했던 입을 열고 참았던 말을 마구 토해 냈다. 그 덕에 우리는 전에 없이 다정한 모자가 되었다.

그렇게 하루 이틀 지나면서 아들이 무엇을 좋아하고 무엇을 싫어하는지도 확실히 알게 되었고, 아들의 꿈이 무엇인지도 그때 비로소 알게 되었다. 나는 아들에게 사람의 도리를 다할 것, 학생의 본분을 지킬 것, 건강을 해치지 말 것, 세 가지를 당부했다. 일러주고도 모자라 다짐하고 또 다짐했다. 아들은 편지를 자주 하겠다, 공부 열심히 하겠다, 운동 많이 하겠다, 인스턴트 음식은 되도록 먹지 않겠다고 굳게 약속했다. 하지만 겨우 열다섯 아이가 잘 견뎌 낼지 걱정이었다. 물가에 아이를 둔 어미의 심정. 그저 부처님께 빌 뿐이었다.

미국의 하이웨이는 막힘이 없었다. 열흘이 그렇게 지나갔다. 아들과 헤어지던 날, 보스톤의 하늘은 횟가루를 뿌려 놓은 듯 흐렸다. 기분은 납덩이처럼 무거웠다. 발걸음이 떨어지지 않았다. 돌아보고 또 돌아보고. 보스톤 공항까지 오는 택시 안에서 내내 울었다. 보스톤에서 뉴욕까지, 뉴욕에서 수속을 밟고 한국행 비행기에 오를 때까지는 정신

바짝 차리느라 우는 것도 잠시 잊어버렸다.

일찌감치 비행기에 올라 내 자리를 찾아 앉았다. 창가였다. 좌석이 많이 비어 있었다. 눈물이 다시 쏟아지기 시작했다. 머리를 앞 의자에 기댄 채 울었다. 한참 우는데 인기척이 났다. 머리를 들었다. 금발 아가씨였다. 눈이 유난히 반짝거렸다. 속눈썹이 인형처럼 깜찍했다. 미소를 지으며 왜 우느냐고 물었다. 나도 억지로 웃어 보이며 말했다.

"아이 엠 새드. …아이 엠 베리베리 새드."

"무엇 때문에 슬프지요?"

순간 참았던 말이 한꺼번에 쏟아져 나왔다.

"사랑하는 아들을 미국 학교에 떼어 놓고 나만 한국으로 돌아가게 되었어요. 내 아들은 이제 열다섯 살이라오."

그녀가 대뜸 나를 안았다. 내 등을 토닥였다. 그리고 이렇게 말했다.

"당신 아들은 아마도 잘할 겁니다. 다음에 아들을 만나면 당신이 깜짝 놀랄 정도로 변해 있을 거예요. 내가 본 유학생들이 그랬고 내 애인도 그랬으니까요."

그녀의 눈에도 어느새 눈물이 그렁그렁 고여 있었다. 그리고 내가 말했던 것과 똑같은 말을 했다.

"아이 엠 새드."

"무엇 때문에 슬프지요?"

이번엔 내가 물었다.

자기 애인은 일본 사람이라고 했다. 미국에 유학 온 남자와 캠퍼스 커플로 지내다가 졸업 후 남자는 한 달 전에 일본으로 갔고, 자기는 부모님의 만류를 무릅쓰고 애인을 찾아 지금 일본으로 가는 길이라고 했다. 애인을 생각하는 듯 먼 곳을 바라보기도 하고, 그리움을 가라앉히는 듯 가슴을 지그시 누르기도 했다. 사랑하는 사람과 부모 둘 중에 어느 쪽을 택해야 할지 모르겠다고 말할 때는 비장한 각오를 하듯 입술을 깨물기도 했다. 미국에서 굳이 한국을 경유하여 일본에 가는 것은 사랑하는 사람을 택했을 때를 대비해 돈을 아끼려는 것이라고 했다. 마지막 말을 할 때는 그녀의 창백한 입술이 떨리고 있었다.

그녀가 나를 안았던 것처럼 나도 그녀를 안아 주었다. 그리고 등을 다독여 주었다.

"부모님을 잘 설득해 봐요. 참고 기다리면 언젠가 부모님이 당신들을 이해할 날이 올 거예요."

"위로해 줘서 고맙습니다."

그 말과 함께 깊은 한숨을 내쉬었다. 손을 꼭 잡아 주었다. 우리는 더 이상 울지 않았다.

내가 탄 비행기에는 한국 사람이 절반 이상이었다. 그 많은 사람 중에 같은 슬픔을 가진 동서양의 두 여인이 나란히 앉다니. 우연도 그냥 우연이 아니었다. 탑승객이 300여 명이니 우리는 3백분의 1의 인연으로 만난 것이다.

우리는 곧 헤어져야 했지만 그녀가 나에게 한 위로의 말, "다음에 만나면 아들이 달라져 있을 거"라는 그 한마디와는 헤어지지 않았다. 그 말은 나에게 커다란 위안이었다. 아들 걱정에 일이 손에 잡히지 않을 때도, 밤잠을 설칠 때도 그녀의 말을 떠올리면 마음이 편해졌다. 그 말은 아들이 유학 생활을 마치고 돌아올 때까지 내내 효험이 있었다.

지금 아들은 내 곁에 있다. 그런데 그 금발 미인 곁에는 지금 누가 있는지 궁금하다. 제발 그가 사랑한 일본 청년이었으면 얼마나 좋을까 하고 마음속으로 간절히 빌어 본다.

4_ 그날을 기다리며

남편에게 들은 세 번의 찬사

제비를 기다리며

고개를 들어요, 그리고

구령의 힘

그의 마지막 목소리가 듣고 싶었다

나는 가정주치의

그날을 기다리며

아주 특별한 일흔두 번째 생일 선물

남편에게 들은 세 번의 찬사

예비신부는 웨딩드레스를 입었다. 예비신랑에게 보이기 위하여 드레스실 문을 조심스럽게 열었다.

"우~와~!"

예비신랑은 홀 안이 쩡쩡 울리도록 소리쳤다. 그 큰 키로 벌떡 일어나 기립박수까지 보냈다. 홀 안에 있던 몇몇 손님과 직원들이 일제히 예비신부에게 시선을 집중했다. '우와' 다음에 다른 말을 붙이진 않았지만 '아름답다'는 말이 따라올 것은 분명한 일. 순간 나는 약간 흥분했다. 그때 예비신랑의 목소리며 표정 같은 것이 아직도 머리에 뚜렷하게 각인되어 있는 것으로 보아 나도 꽤 감동받았던 것 같다.

그러나 그때 이후로 두 번 다시 그렇게 뮤지컬의 한 장면처럼 높은 옥타브의 찬사를 받아본 적이 없다는 것은 참으로 유감스러운 일이 아닐 수 없다. 하지만 외모 아닌 다른 이유로 아름답다고 칭찬받아 본 적은 있다. 그것도 한 번이 아닌 두 번이나.

시집와서 십 년째 되던 해에 시아버님 환갑잔치를 했다. 그 시절에는 웬만한 잔치는 집에서 하는 경우가 많았다. 더군다나 나는 종부인데, 처음 맞이하는 시아버님 환갑잔치를 내 손으로 준비하는 것이 당연한 일이었다. 또 한 가지 이유가 있었다. 말단 사원이던 남편이 때마침 과장으로 승진했다는 것이다. 두 가지 다 나에게는 큰 기쁨이었다.

다행히 나는 음식 만드는 것을 먹는 것만큼이나 좋아했고 어느 정도 자신도 있었다. 숨은 솜씨를 선보일 기회라 생각하고 준비 과정부터 끝날 때까지 내 마음은 첫 나들이 가는 아낙네처럼 들떠 있었다. 그때 차린 음식은 갈비찜, 신선로, 양장피잡채 같은 요리와 음료로는 수정과를 만들고, 디저트로 찹쌀떡도 만들었다. 찹쌀떡은 집에서 만들 엄두도 못 냈을 텐데 서울 사는 손위 시누님이 부산에 오셔서 동생댁 낯내게 하려고 생각해 낸 메뉴였다.

아직 일이 서툴던 나는 이 모든 음식들을 만들기 위해

시아버님 생신 한 달 전부터 메뉴를 정해 재료들을 하나하나 체크하여 마른 것부터 준비하고, 생물이나 채소는 이삼일 전에 장을 봤다. 시아버님 생신이 음력 섣달이었기에 미리 재료를 구입해 놔도 별 문제는 없었다.

잔치 하루 전날 저녁부터 음식 장만하느라 아랫동서와 밤늦게까지 일을 하다가 새벽녘에 잠깐 눈을 붙이고 아침에 일어나 보니 부엌이 발 디딜 틈도 없이 음식과 그릇으로 꽉 차 있었다. 선수들은 치워 가면서 한다던데, 일의 순서를 잘 몰랐던 나는 그 과정이 엉망이었던 것 같다. 하지만 당일 교자상 네 개의 상차림은 '맛'은 장담을 못하겠지만 '폼'은 근사했다. 잔칫날, 무엇보다 시아버님께서 흐뭇해하시는 모습을 보고 몇 날 며칠 애쓴 보람을 느꼈다. 남편도 대견해했다.

우리 부부는 대체적으로 자기 맡은 일에만 신경을 쓰는 편이다. 남편은 바깥일에, 나는 집안일에. 자기 일에는 열과 성을 다하기 때문에 서로가 서로를 믿는 편이다. 그때도 남편은 내가 잘해 내리라고 믿고 있었고, 나도 실망시키지 않으려고 최선을 다했다. 상대방을 믿어 준다는 것이 어떤 도움을 주는 것보다도 좋은 효과를 얻을 수 있다는 것을 그때 조금 알게 되었다.

그날 남편은 잔치에 참석한 이웃 어른들께 인사말을 하였다.

"이번 잔치를 위하여 집사람이 최선을 다했습니다. 그런 모습이 아름다웠습니다."

남편은 스스럼없이 말했다. 하지만 기쁘기보다 민망했다. 어른들 앞에서 제 아내를 칭찬하면 푼수라는 말을 들을 텐데, 보수적이고 예의를 중요시하던 그가 왜 그런 말을 할까 하는 생각이 더 컸기 때문이다.

요즘에 와서야 그 답을 알 것 같다. 물론 아내가 시아버님을 위해 정성을 다하는 모습이 보기 좋았겠지만 종부인 아내의 위신을 세워 주기 위함이 아니었을까 싶다. 시어머님이 안 계시니 자기 말고는 아무도 해 줄 수 없는 말이라고 생각했으리라. 그때도 마음 한편으론 자기 소신을 떳떳하게 말하는 남편이 믿음직하기도 했다. 내가 종부의 자리가 힘들다기보다 보람 있는 일이라고 생각하는 것도 속속들이 알아주는 남편의 힘이 컸지 싶다.

두 번째가 정성을 다하는 아내의 마음가짐을 아름답게 본 것이라면, 세 번째는 바쁜 생활에서 나만의 행복을 느끼는 속마음을 들여다보고는 아름답다고 말했을 때다. 총총히 커가는 애들이 네 명이나 되고, 명절차례에, 묘사에, 한 해에 기제사만 예닐곱 번이나 되고 집안 행사도 많은 편이어서 내 생활은 늘 분주하기 이를 데 없었다. 그 와중에 바느질까지 해야 했다. 요즘이야 양말 기울 일도 없고, 이불 호청 꿰매는 일도 거의 없지만 칠팔십 년대만 해도 웬만한 바느질은 직접 했다.

바쁜 일과가 끝나고 조용해진 시간이면 가끔씩 바느질을 했다. 속옷 터진 것, 단추 떨어진 것, 양말 구멍 난 것을 한 땀 한 땀 바느질하면서 가족들의 얼굴을 떠올리는 그 시간이 어느 때보다 행복했다.

그러던 어느 날 슬그머니 등 뒤에 나타난 남편이 속삭이듯 말했다.

"참 아름답네."

그 말을 듣는 순간, 남편이 내 속마음을 알아채고 있다는 것을 느꼈다. 등만 보고도 행복해하는 마음을 어떻게 알았을까? 행복에다 행복 하나를 더 얻은 것 같았다.

나는 반세기를 같이 살면서 딱 세 번 '아름답다'는 말을 들었다. 그러나 첫 번째 칭찬은 신부라면 누구나 들을 수 있는 말 같아 시간이 지날수록 그렇게 대단하게 느껴지지 않는다. 이것 말고도 긴 세월 같이 사는 동안 몇 번 내 외모에 대한 칭찬을 들었지만, 그건 진정성이 누락된 립서비스 같아 내 안에 남아 있지 않다. 나머지 두 번, 나의 내면을 보고 했던 칭찬, 그것이야말로 남편의 진심이 담긴 온전한 칭찬이라고 생각한다. 지금도 그때를 생각하면 흐뭇한 기분이 되곤 한다.

아름답다는 말을 다시 듣고 싶다. 그 마음 바닥엔 남은 생을 최선을 다해 '아름답게' 살고 싶은 내 의지도 함께하고 있음이다.

제비를 기다리며

250년 된 고택을 허물었다. 허문 자리에 새로 집을 지었다. 한옥의 멋과 운치를 살려 당호도 지었다. 입향조이신 8대조 할아버님 호를 따서 불우재不尤齋라 했다. 월성 손씨 가문을 뿌리 삼고 대들보 삼은 건물은 가문의 역사를 고스란히 간직한 듯 구석구석 옛정이 오롯이 살아났다.

내부 인테리어는 자손들이 편리하도록 현대식으로 했다. 그리고 오른쪽 뜰에 있던 우물 대신 왼쪽 뜰에 수도를 놓았다. 그 옆에 무쇠솥 하나를 걸었다. 솥 주위에는 널따란 부뚜막도 만들고 아궁이와 굴뚝도 만들었다. 아궁이에 불을 때면 굴뚝에서 연기가 나고, 새색시가 시댁 고향으로 첫 인사 갔을 때의 일이 연기처럼 아련히 피어올랐다. 갓 쓰고 두루마기 입은 할아버님이 누마루에서 손부를 부르시는 것 같기도 했다. 흰 옥양목 앞치마를 두르고 술상을 내가는 그 시절의 내 모습이 보이는 것도 같았다.

그 해, 그러니까 2015년 9월 12일 준공식을 마쳤다. 새 집에서 우리 부부는 첫날밤을 보냈다. 새신랑, 새신부 때의 모습은 간 곳이 없고 두 사람 이마 위의 주름만 한옥 문살처럼 뚜렷이 드러났다.

동창이 밝아 왔다. 거실로 나왔다. 처마 밑을 들락날락하던 제비 대여섯 마리가 우리를 보자 집 전체를 한 바퀴 휙~ 둘러보고는 날아가 버렸다. 제비 가족이 새 집을 살펴보러 온 걸까. 입택 날, 초청한 민요가수가 부른 흥부가를 듣고 왔을까. 왠지 예사롭지 않은 느낌이었다.

'음, 여기는 우리 식구가 살기에 안성맞춤이야. 우선 집이 큰 데다 새 집이고, 공기도 맑고, 거기다 주인이 상주하지 않는다는 게 대박인 거야.'

애비 제비가 가족들한테 그렇게 말했을 것 같았다. 눈이라도 한번 맞추고 갔으면 좋으련만 한마디도 없이 날아가 버린 제비는 언제쯤 다시 올까? 내년 봄에 다시 올까? 나는 그 제비들에게 부탁하고 싶었다. 내년 봄에 꼭 오라고. 박씨 대신 좋은 약 하나 물어오라고.

남편은 몇 년째 팔이 불편하다. 젊은 시절엔 나의 보호자였는데 지금은 내가 그의 보호자다. 나 없이는 못하는 게 너무 많다. 나는 그에게 보답하는 마음으로 충실한 보호자가 되고자 한다. 남편의 병을 뚝딱 낫게 하는 약만 구해 온다면 전세건 사글세건 한 푼도 받지 않고 웃돈 얹어 줄 테니 언제까지고 살다 가라고 하고 싶다.

이듬해 이월 음력설이 지나간 주말, 모처럼 날씨도 따뜻하고 마음도 여유로웠다. 남편과 나는 집 앞 탄천으로 나갔다. 냇물이 말없이 흐르고 있었다. 우리도 반대 방향으로 말없이 걸었지만 하고 싶은 말이 없었던 건 아니었다. 남편이나 나나 종손, 종부로서 평생을 지켜오던 조상님 제사 받드는 일을 그 해는 하지 못했다. 지병이 있는 남편에게 감기까지 붙어 병원 신세를 져야 했기 때문이다. 조상님들께 '죄송합니다' 하는 말이라도 흘러가는 강물에 실어서 고향에 전달하고 싶었다.

아침에 잠깐 내린 비가 잎이 다 떨어진 나뭇가지에 물방울 보석처럼 매달렸다. 발밑에도 봄은 오고 있었다. 누런 풀 사이로 파릇파릇 생명이 올라오고 있었다. 그 초록의 힘은 내 가슴 언저리를 거쳐 중심부까지 뜨겁게 파고들었다.

"봄이 다 왔네. 이 풀 올라오는 거 좀 봐라."

남편도 봄을 보고 있었다. 아니, 희망을 보고 있었다. 개구리가 튀어나오고 새순이 돋아나고 제비가 돌아오는 봄.

지난가을 불우재를 둘러보고 떠난 제비 생각이 문득 났다. 내일모레면 경칩인데, 그때 그 제비 가족이 궁금하다. 부탁했던 약은 못 가지고 와도 괜찮다. 추녀 밑에 모여 '지지배배' 울어대는 소리만이라도 듣고 싶다.

화창한 이 봄, 제비가 기다려진다.

고개를 들어요, 그리고

"남편은 하늘 같은 서방님이데이."

내 단발머리가 갈래머리로 바뀔 때부터 엄마가 하던 말이다. 결혼 날이 가까워 오면서부터는 아예 녹음기를 틀어 놓은 듯 했던 말을 또 하고 또 했다.

그 말은 아내는 남편을 한 나라의 국기처럼 우러러보아야 한다는 말같이 들렸다. 아내란 모름지기 아무리 속이 상하더라도 하늘인 남편을 거스른다든가 노하게 해서는 안 된다는 엄마의 말 때문에 되도록 남편 앞에서 다소곳이 머리를 숙여 최대한 공대하였다.

시집온 지 겨우 다섯 달 만에 시어머님은 지병으로 세상을 뜨셨다. 새 며느리에게 집채만 한 종부 자리를 남겨 놓으신 채. 살림에 대해서는 천둥벌거숭이였던 나에게 그건 너무 버거운 임무였다. 남겨진 건 그것뿐이 아니었다. 앞산만 한 종갓집과 뒤뜰만 한 살림살이도 그중 하나였다.

시아버님 고종사촌 누님 되시는 분이 살림을 두량해 주셨지만 새색시였던 나는 살림살이 못지않게 시집 식구 모두가 어려웠다. 할 수 없이 남편을 직속 상관으로 모시기로 작정을 하였다.

"변소가 철철 넘칠라 카는데 어짜까예?"

"연탄이 다 되어 가는데 어짜까예?"

"오늘도 막내 숙모님이 오셔서 이것저것 가르쳐 주셨어예."

일일이 보고하고 명령을 받들었다.

스물여덟 살 남편은 제법 어른스럽게 내 말을 접수하고 처리해 주었다. 이렇게 우리는 평등한 부부 관계라기보다는 주인과 하인, 상관과 부하의 관계였다. 남편은 늘 의젓했고 당당했고, 나는 언제나 쭈뼛쭈뼛했고 굽실거렸다. 하지만 그런 관계에 대해 하등 불만은 없었다. 오히려 편하기만 했다.

종손으로 태어나 어릴 때부터 조부모님 슬하에서 종손 교육을 받은 데다 맏아들의 절대적인 후원자인 어머니마저 일찍 여의어서인지 나보다 네 살 많은 남편은 일찍 철이 들어 보였다. 또 이해심도 많은 듯했다. 학교를 졸업하자마자 시집온 아내가, 불과 몇 달 전만 하더라도 미니스커트 입고 칠락팔락 학교 교정이며 명동 거리나 종로 바닥을 돌아다녔을 텐데 부엌에서 뭘 할 수 있을까 걱정이 되었던가, 공연히 부엌 앞을 서성이곤 했다. 식구들 눈을 피해 나와 눈을 맞추고는 겨우 돌아갔다. 은근히 눈빛으로만 말했다.

'힘들지?'

겉은 그런대로 차분해 보이지만 속은 아직 덜렁덜렁한 선머슴아라고 생각해서인지 내가 해놓은 일에는 늘 정상참작이 따르는가 싶었다. 어느 날 죽밥을 먹는 남편의 표정이 흐뭇한 것을 보고 그리 생각되었다. 밥에 돌멩이가 섞여 있어도 두 개까지는 낯빛 하나 변하지 않았고, 약간 찡그린다면 그건 세 번째 돌을 씹은 것이었다.

친정 엄마 표현대로 '부처 같은 우리 손서방'이었다. 종갓집 며느리는 고사하고 사삿집 며느리 역할이나 제대로 했겠나마는, 그런 나를 다른 사람들로부터 지켜 주는 데 성심을 다했다. 어떤 때는 자기가 공을 세워 놓고도 그것을 나에게 돌리기도 했다. 그런 배려가 각진 내 마음을 원만하게 다듬어 종갓집 안방에 참하게 안착시켜 주었던 것 같다.

그렇다고 불만이 아주 없었던 것은 아니다. 결혼해서 한동안은 낮에 외출하는 것도 남편 허락을 받아야 했고, 남편 몰래 나갔다가 들키게 되면 그때는 진짜 주인이 하인을 꾸짖듯 매섭게 대하곤 했다. 속이 상해서 울기는 했지만 그렇다고 박박 대들지는 못했다. 그건 엄마의 '하늘 같은 남편'이란 말에 이미 세뇌되어 그랬는지도 모른다.

세월이 흐르면서 남편이 진정한 하늘 같은 서방님으로, 손톱에 봉숭아물 스며들듯 은은하게, 손수건에 수를 놓듯 한 땀 한 땀 내 가슴에 새겨졌다. 그는 나에게 주어진 짐을 자기 마음대로 덜어주지는 못했지만 내가 하는 일마다 잘한다고 격려해 주었다. 종부 노릇이 힘들어 울 때도 같이 울어 주지는 못했지만 밤새 달래 주었다. 그래서 다른 사람들이 "주여!" "부처님이시여!" 하고 간절히 부를 때, 나는 "보이소" "보이소" 하고 간절히 그를 불렀다. 자나깨나 남편만 애타게 찾았던 것이다. 주변 사람들이 주책이라고 빈정대는 것 같았다. 또 동생은 이런 지청구까지 해댔다.

"언니, 니는 변소 가는 것도 형부한테 물어보나?"

그 하늘 같던 서방님이 어느 날 나에게 고개를 숙이고 다가왔다. 팔이 잘 안 올라간다는 것이었다. 억지로 올리려면 아프다고 했다. 환갑이 넘도록 남편 그늘 밑에 있는 나한테 도움을 청해 오리라고는 생각도 못한 일이었다.

나는 흔쾌히 남편의 머리를 감겨 주고 닦아 주고 빗겨 주고 한다. 오늘 아침도 남편은 내 앞에 정중히 머리를 조아린다. 두 사람의 뒤바뀐 위치는 나의 심장 박동수를 늘렸고, 내 행동은 이제 하인 자리를 벗어나 아주 건방을 떤다. 염색한 것이 반쯤 탈색되어 흑백이 분분한 남편의 머리카락을 내 열 손가락이 움켜잡는다. 신나게 주무른다. 숙인 머리를 더 수그리라고 뒤통수를 꾹꾹 누른다. 머리를 닦을 때는 더 들라고 명령까지 한다. 남편은 나의 색시적 만큼이나 고분고분하다. 나도 모르게 '쯧쯧' 소리가 새어 나온다.

태산처럼 높아 보이던 남편이 결혼 몇십 년 만에 스스로 몸을 낮추어 내 앞에 온 것이다. '세월이 약'이어서가 아니다. '세월이 병'이 되어서다. 그 세월이 참으로 유감스럽기도 하다. 장난기가 발동한 내가 들릴 듯 말 듯 유행가

가사 한 구절 나직이 읊조린다.

"고개를 들어요, 그리고 날 봐요…."

남편은 살며시 고개를 든다. 두 사람 눈빛이 담담하게 부딪친다. 마주 보며 웃는다. 그는 쓸쓸하게, 나는 화안하게.

우리는 더 이상 주인과 하인의 관계가 아닌 평등한 부부 관계가 된 것 같다. 하지만 문득 남편이 자주 쓰던 '역지사지'란 말이 떠오른다. 하늘에서 추락한 그의 충격이 얼마나 클까 하는 생각에 마음이 아프다. 세월이 많이 변했다고는 하지만 땅이 하늘과 맞장뜰 수는 없는 일. 어서 빨리 팔이 나아서 스스로 머리를 감을 수 있었으면 좋겠다. 설사 내가 다시 하인 자리로 되돌아간다 해도 말이다.

어려운 일이 있으면 주인에게 묻고 그 지시에 따르면 만사형통이던 시절, 그때가 나에게는 춘삼월이었는데. 하지만 그런 날이 다시 오기를 기다리는 건 아니다. 다만 하늘은 다시 하늘의 자리로 하루빨리 돌아가기를 간절히 바랄 뿐이다.

구령의 힘

새벽 5시. 희뿌연 어둠 속에서 잠을 깨우는 소리.

"하나~, 둘~, 셋~."

"쿵."

"하나~, 둘~, 셋~."

"쿵."

무슨 소린가? 커튼을 살짝 젖혔다. 거리는 간밤에 온 비로 젖어 있었다.

맞은편 건물 1층, 차고 앞에는 이불보따리만 한 퍼런 비닐봉지들이 동산만 하게 쌓여 있었다. 미화원 아저씨 두 사람이 그 큰 봉지를 서로 마주잡고 하나, 둘 구령을 붙이고, 셋 하면서 8톤 트럭 안으로 던져 넣고 있었다. 박자에 맞춰 쓰레기 뭉치가 땅바닥에서 공중으로 뜨더니 리드

미컬하게 트럭 안으로 들어가는 것이었다. 수북이 쌓였던 비닐봉지들이 구령과 함께 하나씩 둘씩 사라지고 있었다. 순식간에 차고 앞이 말끔해졌다.

내가 어렸을 때 제재소를 하는 우리 집 앞마당에는 사흘이 멀다 하고 원목이 쌓였다. 그때도 아저씨 둘이서 "하나, 둘, 셋"을 외쳤다. 소리의 리듬이 한결같아 한 사람 목소리 같았다. 그때 그 구령 소리가 동화책에 나오는 도깨비 방망이 같다는 생각을 했다. 구령 한 번에 전봇대만 한 원목이 아저씨들 어깨 위로 올라가고, 다시 구령 한 번에 땅으로 내려오고, 올라가고 내려오고. 우리 집 마당은 금세 추수가 끝난 들녘처럼 휜해졌다.

그로부터 몇십 년이 흘러 중년이 되었을 때 일이다. 하나, 둘, 셋에 얽힌 씁쓸한 에피소드가 하나 있다. 오랫동안 병중에 계시던 시아버님께서는 누워 있는 시간이 길어지더니 결국 휠체어에 의존하게 되셨다. 체격이 큰 분을 휠체어에 앉히고 내려드릴 때마다 간병인 두 사람이 힘들어했다. 그때마다 간병인들은 미화원이나 제재소 아저씨들이 그랬듯 입을 모아 하나, 둘, 셋을 외치며 아버님을 옮겼다.

그런데 가만히 계시는 시아버님도 힘들어하셨다. 당신의 몸을 자기들 마음대로 들었다 놓았다 하는 그들. 당신이 짐짝 취급을 당하고 있다고 생각해서였을까? 아니면 당신 몸을 남에게 맡긴 자식들에 대한 섭섭함 때문이었을까? 시아버님은 곱지 않은 눈길과 언짢은 표정으로 가끔 이렇게 핀잔 아닌 핀잔을 주셨다.

"어디서 하나, 둘, 셋은 배워가지고, 쯧쯧…."

뜬금없는 그 말에 하마터면 웃음을 터뜨릴 뻔했다. 그래도 그들의 구령은 계속되었고, 시간이 갈수록 시아버님의 빈정거림은 뜸해졌다. 병환이 짙어지면서 모든 것이 귀찮아지신 거라는 생각에 내 마음은 오히려 더 무거웠다.

아버님이 가신 지도 꽤 오랜 세월이 흘렀다. 그때의 시아버님의 일그러진 얼굴이 떠오를 때면 지금도 죄송한 마음이 든다.

남편은 몇 년 전부터 근육이 조금씩 위축되는 병에 걸렸다. 날이 갈수록 그의 근육은 줄어들고 생기 잃은 화초처럼 시들어 가고 있다. 나는 아침에 눈을 뜨면서부터 그런 남편의 팔과 손이 되고 있다. 환자 옆에서 선잠을 자기 때문에 아침이 되어도 몸이 가뿐하지가 못하다. 그때마다 마음속으로 "하나, 둘, 셋" 구령을 붙이며 일어난다.

남편의 아침 식사 자세를 잡아 줄 때도 마찬가지다. 밤새 침대에 밀착된 그의 몸을 든다는 것이 여간 힘에 부치지 않는다. 남편을 사이에 두고 간병인과 나는 양쪽에 선다. 그 다음은 두 사람의 마음을 하나로 모으기 위해 서로 마주 보며 정신을 긴장시킨다. 그리고 어금니를 깨물고 위아래 입술은 가볍게 붙인다. 그런 다음 들기 시작한다.

'하나' 하면서 호흡을 가다듬고, '둘' 하면서 힘을 집중시키고, '셋' 할 때는 목소리에 기압을 넣고 아랫배에 힘을 주면서 집중시킨 힘을 푼다. 요즘은 '셋' 다음에 '으쌰' 하고 추임새를 하나 더 붙이기도 한다. 그때 남편의 머리는 침대머리까지 올라간다. 그런 다음 침대에 장치된 버튼을 눌러 상체가 70도 될 때까지 침대머리를 위로 올린다. 의학적으로 침대에 앉아서 밥 먹는 가장 좋은 자세라는 걸 남편이 중환자가 된 이후에 알게 되었다.

모든 동작이 끝날 때까지 남편은 말이 없다. 옛날에 시아버님께서 빈정대시던 말씀 같은 것도 그는 하지 않는다. 쓸쓸해 보이는 눈동자와 비감스러운 표정만 슬쩍 비칠 뿐이다.

힘없고 지칠 때, 우리는 주로 한약을 달여 먹거나 건강 식품을 먹거나 한다. 그러나 효과가 더 빠른 즉효약이 있다면 그것은 기압을 넣은 '하나, 둘, 셋' 구령이 아닐까. 지속적이지 못한 것이 흠이지만 반짝하는 약효는 다른 것에 비할 바가 못 된다.

이 구령은 3박자로 무척 단순하지만 응집된 힘이 순간적으로 풀릴 때는 생각지도 못한, 폭발적인 힘이 발생한다. 단숨에 힘을 나게 하는 약. 내게는 산삼도 아니요, 녹용도 아니요, 하루에 수도 없이 불러대는 '하나, 둘, 셋' 하는 구령, 그것이다.

그의 마지막 목소리가 듣고 싶었다

"말은 할 수 없어도 살 수는 있어요."

담당 의사의 말이었다. 그렇게 하면 죽지 않고 살 수 있다는데 무슨 일인들 못하겠나. 수술 받기 하루 전날 저녁이었다. 이제 내일이 오면 남편은 '기관지 절개 수술'을 받을 것이고, 그러고 나면 칠십 평생 하던 말을 할 수 없게 된다. 어디 그뿐이겠나. 소리 내어 웃을 수도, 울 수도, 또 노래 한 곡 시원하게 뽑아 볼 수도 없을 것이다. 그 모든 소리를 가슴으로 내야 할 사람.

한순간도 남편의 시선을 놓치지 않으려는 나와는 달리 병실 침대에 누운 남편은 눈을 감은 채 말이 없었다. 곧 닥칠 운명을 미리 서러워하고 있는 것일까. 수술하고 나면 꼭 해야 할 말도, 하고 싶은 말도 못할 텐데, 아내에게 마지막으로 남기고 싶은 말은 없는지, 없다면 아내가 그토록 듣고 싶어 하는 말이라도 해 주지. 무정한 그는 눈을 감은 채 요지부동이었다.

오늘이 그가 말을 할 수 있는 마지막 날이라는데, 부부로서 수십 년간 쌓인 정情, 그것의 결정체인 한마디 말.

"여보, 사랑해."

그 말을, 그 목소리를 듣고 싶었다. 그리하여 영원히 기억 속에 각인해 두려고 했다.

우리 부부는 생각하는 것이 서로 달랐다. 내가 '인생은 아름다운 연극 같다'고 말한다면, 그는 '인생은 고달픈 현실이다'라고 말할 사람이다. 그래도 우리 집이 잘 굴러가는 것은 내 생각은 생각으로만 그치고 행동은 언제나 그를 따라가기 때문이었다.

그날도 사랑 타령이나 하고 있는 나하고는 다른 생각을 하는 남편은 극히 현실적이었다. 수술한 다음 어떻게 소통할 것인지를, 잘 움직이지도 못하는 손이지만 몇 가지 동작을 정하여 나와 간병사에게 일러주었다.

엄지를 위로 올리면 침대머리를 올릴 것.

엄지를 밑으로 구부리면 침대머리를 내릴 것.

손바닥으로 낮게 탁, 탁, 탁, 세 번 치면 침대 전체를 밑으로 내릴 것.

손바닥을 천천히 들어올리면 침대 전체를 서서히 올릴 것.

그렇게 하고는 다시 더 말이 없었다. 내가 듣고 싶은 말은 포기할 수밖에 없었다. 나의 꿈보다 그의 현실이 더 절실했으니까.

입원한 날, 큰딸이 작은 '데스크 벨'을 사왔다. 남편 목소리 대신이라고 했다. 이제 남편의 목소리가 '땡' 소리로 바뀐난다. '땡' 하면 뛰어가야 하고, '땡' 하면 '예' 하고 대답해야 한다.

남편은 수술하기 4년 전부터 눈에 띌 정도로 몸에 이상이 왔다. 어느 날 아침 양치질을 하는데 똑바로 서서 하는 것이 아니었다. 칫솔을 쥔 오른손을 들 수가 없어서 팔꿈치로 세면대를 짚고 이를 닦고 있었다. 그것도 두 손으로. 이 씨름은 시작에 불과했다. 칫솔 들 힘도 없는 팔이 머리 위로 올라갈 리 만무했다. 머리를 감기고 말리고 빗겨 주었다. 그래도 그 정도는 다행인 것이, 아침에만 잠깐 내 손을 빌려 주면 되기 때문이다.

그렇게 또 여러 날이 지나갔다. 그러던 어느 날 머리 손질을 다 해 주었는데 또 불렀다. 와이셔츠 단추를 못 채우겠단다. 그날부터는 모든 단추를 채워 주고 풀어 주어야 했다.

그리고 또 얼마나 지났을까. 식탁에서 밥을 먹는데 들고 있던 남편의 숟가락이 바닥으로 툭 떨어졌다. 순간 옆에 앉아 있던 내 가슴도 툭 떨어졌다. 숟가락은 당장 집어 올렸는데 내 가슴은 올라붙질 못했다.

다음 날부터는 그의 왼손이 오른손을 부축하여 두 손으로 밥을 먹었다. 숟가락을 입으로 가져가는 것이 아니고 입을 숟가락에 가져갔다. 그 후 엄지와 검지는 시나브로 힘이 빠져 나갔다. 곧이어 나머지 세 손가락마저 힘이 빠져 버렸다. 몸의 반란이라는 생각이 들었다. 가장이라는, 종손이라는, 경영자라는 그 무거운 짐에 짓눌려 온 데 대한 반란이 남자의 위신인 단단한 어깨부터 공격을 시작하여 팔을 거쳐 손까지 내려왔다. 이제 상체는 반란군에게 거의 점령당하고 말았다.

와이셔츠로부터 시작하여 모든 단추, 넥타이, 양복, 지퍼,

양말, 신발까지 내 손이 남편 손을 대신했다. 나는 기꺼이 빌려 주었는데 그는 불편해했다. 빌려 준 손 때문에 남편의 기가 꺾일까 늘 조심스러웠다. 내가 해 줄 수 없는 경우는 회사 생활에서 생기는 일이었다.

화장실에서 용변 후 지퍼를 올리는 일은 한 사람이 그림자처럼 따라다니지 않는 이상 어려웠다. 상의로 대충 가리고 다니는 수밖에 없다고, 내려놓은 지퍼처럼 당신 마음도 내려놓으라고 했다. 그러나 정말 난감한 일은 지퍼가 아닌 바지를 올려야 할 때였다. 힘 빠진 손으로 겨우 바지를 내리고 볼일을 본 다음, 그 바지를 올릴 수가 없으니 보통 낭패가 아니었다. 도우미를 정하여 그때마다 일을 처리하곤 했다.

하루는 출근한 지 얼마 되지 않았는데 남편한테서 전화가 왔다. 다급한 목소리였다. 지금 빨리 회사 1층 남자 화장실로 오라는 것이었다. 다행히 우리 집은 회사에서 10분 거리다. 허겁지겁 달려가서 그의 바지를 올려 주었다. 하필이면 도우미가 옆에 없을 때 볼일이 급했던 것이다. 그러곤 둘 다 아무 일도 없었다는 듯 각자 가야 할 곳으로 갔다.

이 사실을 아무한테도 말하기 싫었다. 아는 사람이 늘어날수록 나의 불행이 전염병처럼 퍼져 나갈 것 같아서였다. 또 한 군데 믿는 구석이 있었다. 나날이 발전하고 있는 의술이었다. 곧 좋아질 수 있다고 믿고 싶었다.

그러나 현실은 냉정했다. 어제는 그제보다, 오늘은 어제보다 못해져 갔다. 그 병이 그렇다고 했다. 매일매일 조금씩 나빠지는 병, 병세를 늦추는 것이 가장 최선인 병, '근위축성측삭경화증', 일명 '루게릭병'이다. 이 병은 근육운동을 조절하는 뇌세포가 파괴되어 근육에 동작 신호가 전달되지 못해 점차 근육이 소실되는 병이란다. 난치성 불치병이라 했다. 나는 이 엄청난 말을 받아들이고 싶지 않았다. 부정했다.

"무슨 일이든지 예외가 있는 법이야!"

나는 나를 힘껏 위로했다.

어깨, 팔 근육을 다 빼앗아 그의 몸을 허수아비 형상으로 만들어 놓은 반란군은 이제는 하체 공격에 들어갔다. 자비심은 고사하고 염치라곤 없는 불한당이었다. 엉덩이, 허벅지의 근육을 작정하고 뺏어 갔다. 몸을 지탱하는 다리, 발까지 공격했다. 몸은 흔들흔들, 다리는 후들후들거렸다. 무중력 상태가 된 몸은 착지를 제대로 하지 못했다. 그의 곁을 그림자처럼 따라다녔지만 어느 날 일이 일어나 버렸다.

그가 뻣뻣이 선 채로 70센티 정도 높이의 계단에서 딱딱한 바닥으로 떨어졌다. 눈 깜짝할 순간에. 내 가슴은 산산조각났다. 응급실로 실려 가는 그의 옆에서 조각난 가슴이 불안과 슬픔으로 요동쳤다. 악몽 같은 시간이 지나갔다. 다행히 다친 이마는 아무 이상이 없다는 검사 결과가 나왔다. 그때부터 '행운'이라는 단어를 내 생각의 맨 앞자리에 놓았다.

'숨 쉬는 것은 제대로 하고 있다.'

'생명에는 지장이 없다.'

'아직은 괜찮다.'

'신은 내 편이다.'

이런 말로 나를 위로하였고, 남편에게도 용기를 주었다.

그러나 어느 날부터 호흡이 가빠지기 시작했다. 외부 점령을 끝낸 반란군은 내부로 침투하여 횡격막까지 치고 들어갔다. 숨 쉬기가 힘드니 식사를 제대로 할 수 없었다. 그의 근육은 날로 쇠퇴해 갔다. 몸은 낙엽처럼 말라 갔고 나의 희망은 낙엽처럼 지고….

병원에서는 말은 할 수 없어도 살 수는 있다면서 인공호흡기를 달자고 했다. 손발도 묶였는데 입까지 막히면 소통은 어떻게 하란 말인가. 게다가 남편의 목소리를 영원히 듣지 못할지도 모른다는 사실이 그렇게 슬플 수가 없었다. 답을 찾지 못한 채 시간만 흘러갔다.

오지 말아야 할 그날은 드디어 오고야 말았다. '기관지절개 수술'을 하기로 결정할 수밖에 없었다. 생명을 지키기 위해서는 목소리를 포기할 수밖에. 그를 수술실로 들여보내고 나는 부처님께 빌었다. 수술이 무사히 끝나게 해 달라고, 그리고 언젠가 그 수술실에서 다시 목소리를 되돌려 받을 수 있게 해 달라고.

남편은 수술이 끝나고 중환자실로 옮겨졌다. 남편의 목에 구멍을 뚫어, 그 구멍에 관(T-캐뉼라)을 삽입하고 그 관에 기다란 호스를 연결했다. 그 호스는 여러 가지 기호가 입력된 무거운 모니터를 장착한 인공호흡기와 연결되어 있었다. 허약해질 대로 허약해진 그의 목에 주렁주렁 달린 것이 많았다. 평소 당당했던 남편 모습은 어디에서도 찾아볼 수 없었다. 하늘이 원망스러웠다.

그의 눈은 감겨 있었고 몸은 늘어져 있었다. 본능적으로 그의 곁에 바싹 붙었다. 그를 잘 지켜야 한다고 입을 앙다물었다. 그런데 병원 측에서는 그런 사람을 내버려두고 나보고 나가라 했다. 병원 규칙이 있고 다른 환자들 눈도 있으니 어서 나가라 했다. 나는 반항했다. 결사적으로 반항했다. 환자에게 무슨 일이 일어나면 책임질 거냐고, 평생 해 본 적 없는 먹혀들지도 않을 협박 같은 것도 했다.

화도 냈다. 그들은 나의 화 따위는 안중에도 없었다. 서러웠다. 유일한 내 백이 지금 누워 있다는 것이 나를 더욱 슬프게 했다. 슬퍼하다가 무언가 알아차렸다. 강한 의지만이 나를 진정시킬 수 있나는 것과 화를 내는 대신 속히 타협점을 찾아야 한다는 것을.

"침대 밑에 들어가 있을 테니 제발 나 좀 여기 있게 해 주세요."

간호사를 붙들고 사정했다. 간절한 호소가 그녀의 마음을 움직였는지 간신히 허락해 주었다. 대단한 거래가 성사된 듯해 그 와중에도 기뻤다.

침대 밑과 옆을 왔다 갔다 했다. 조금 전까지 그렇게 미웠던 간호사가 갑자기 고맙게 느껴졌다. 여기서 나가면 크게 사례라도 하고 싶은 심정이었다. 내 마음이 간호사한테 전달되었는지, 점점 침대 밑보다 옆에 서 있는 시간이 길어져도 묵인해 주었다. 더 이상 침대 밑으로 들어가지 않아도 되었다.

남편은 한참을 미동도 없이 잠만 잤다. 온몸이 땀으로 흠뻑 젖어 있었다. 아니다. 땀이 아니었다. 눈물이었다. 회한의 눈물. 그가 너무 안돼 보였다. 칠십 평생을 미련하리만치 일만 하던 사람이었는데. 손씨 집안에, 더 나아가서 이 사회에 빛과 소금 같은 사람으로, 정의로운 사람으로, 인간답게 살고자 한 것밖에 없는 사람인데, 억울하기까지 했다.

2시간쯤 지났을까? 남편이 눈을 떴다. 기뻤다. 내 생애에 그때처럼 기뻤던 순간은 그리 많지 않은 듯싶었다. 남편은 자기 목에 붙어 있는 호스를 알아채고는 크게 실망하는 것 같았다. 입을 벌려도 소리가 나오지 않는다는 것도 확인하는 듯했다. 분명 절망적인 심정이었을 텐데도 그는 내색하지 않았다. 그것이 나를 더 가슴 아프게 했다.

그의 손을 잡아 주었다. 당신 곁에 내가 있지 않느냐고, 당신의 손과 발이 되어 주고 잃어버린 목소리가 되어 주겠다고 말 대신 잡은 손에 힘을 주었다. 부디 나의 곁에만 있어 달라고 빌었다.

내 마음이 전해진 것 같았다. 그는 생각보다 꿋꿋했다. 비로소 안도의 한숨을 쉴 수 있었다. 그가 절망하지 않는 것만으로도 나는 충분히 버텨 낼 수 있을 것 같았다. 비록 그의 마지막 목소리는 듣지 못했지만 그런 건 문제가 아니었다.

언젠가 빠른 시일 내에 신약이 개발되고 그래서 그가 다시 전처럼 회복된다면, 또 그래서 잃어버린 목소리를 되찾는 날이 온다면 분명 그는 말하리라. 내가 그렇게 듣고 싶었던 말을 들을 수 있으리라 믿는다.

"여보, 사랑해!"

나는 가정주치의

평생 주부였던 나에게 '가정주치의'라는 근사한 직업이 생겼다. 공인자격증이 있는 것도 아니고 누가 임명해 준 것도 아니다. 다만 동기 부여를 위해 붙인 이름이다.

환자를 맡으면 일단 바깥세상과 단절해야 하고 취미 생활 같은 건 아예 꿈도 꾸지 말아야 할 것이며, 오직 환자에게만 올인해야 한다고 생각한다. 그 큰 부담감을 권위 있는 직함으로 좀 덜어 보겠다는 속셈에서 스스로 그렇게 임명했던 것이다. 또 나를 부르는 누구 엄마, 누구 아내, 사모님 같은 비전문적 호칭으로는 도저히 임무를 완수하기 어렵다고 생각한 것이 두 번째 이유다. 세 번째 이유는 환자인 남편이 내 실력을 인정해 준 것이다. 기관지 절개 수술 후 병원 입원실에 오는 간호사도 못 뽑아내는 가래를 내가 뽑아냈다. 남편은 찡그리고 있던 얼굴을 활짝 펴면서 나를 향해 엄지를 치켜들었고 공책에 썼다.

"당신 손에 눈이 달렸나!"

그랬다. 남편 목에 낀 가래가 내 목에 낀 가래같이 느껴지니 그걸 빼내기 위한 내 손은 마음의 눈으로 움직일 수 있었다. 이만하면 남편의 주치의 자격은 되는 게 아닐까.

'주치의'라는 직함에는 비범한 힘이 있다. 꽃놀이, 물놀이, 들놀이 같은 것을 가지 못해도 섭섭하거나 속상하지 않는 힘. 오히려 뿌듯함을 느낄 수 있는 힘. 24시간 환자 곁을 기쁨으로 지킬 수 있는 힘. 그런 힘이다.

"능력 있는 사람은 원래 그런 것이야. 할 일 없는 사람이나 여기저기 놀러 다니는 거야."

그렇게 잘난 체하면서 혹시라도 내가 꽃놀이 간다고 할까 봐 불안해할지도 모르는 남편을 안심시켜 준다. 주치의인 나의 업무는 대충 이렇다.

첫째, 환자의 식사 메뉴와 양을 매일, 매끼마다 체크한다.

둘째, 대소변은 볼 때마다 양을 체크하고 기록하여 건강 상태를 가늠한다.

셋째, 체중, 체온 같은 것은 수시로 체크하고 맥박이나 호흡이나 심장박동 같은 것도 필요할 때는 체크한다.

넷째, 삽관한 목 주위를 매일 드레싱한다.

다섯째, 목에 단 인공호흡기를 연결하는 관 속으로 '카테터'를 넣어 목 안에 생기는 가래나 침을 '석션'한다.

이 일은 하루에 수도 없이 자주하는 것이지만 간병인과 같이 한다. 그러나 나밖에 할 수 없는 일이 있다. 그것은 환자의 자존심을 손상시키지 않고 소변을 받아내는 일이다. 아내 말고는 누구에게도 보이고 싶지 않는 마지막 자존심이다.

그는 친구도 못 만나고 회사도 못 가고 그리운 고향도 못 간다. 목에 인공호흡기를 달고 그 몸을 '워커'에 의지한 채, 아파트 7층 거실에서 바깥을 내다보는 그의 뒷모습은 저물어 가는 들녘처럼 쓸쓸해 보인다. 오도 가도 못하는 처지. 입은 있으나 말을 못하는 입. 그의 비통한 심정을 헤아리다 보면 가슴이 아린다.

그에게 창살 없는 감옥이 돼 버린 우리 집. 언제쯤이면 현관문을 나갈 수 있을까? 휠체어를 타고서라도 나갈 수 있으면 얼마나 좋을까! 새소리, 물소리도 들려주고 싶고, 싱그러운 초여름도 느껴 보게 하고 싶다. 그러나 그것을 할 수도 없고, 해 줄 수도 없는 것이다. 인생에서 가장 불행한 것은 사소한 일상이 불가능해졌을 때 느끼는 좌절감이다. 그래서 나는 생각했다. 내가 새가 되고, 물소리가 되고, 꽃도 되고, 나비도 될 것이라고.

나는 재치를 발휘해서 웃음을 선사한다. 애교도 부린다. 가끔씩은 푼수 짓도 한다. 내가 남편을 기쁘게 하는 일은 한 가지 더 있다. 그것은 남편이 해 오던 경제에 관한 일 중 일부분을 대신 해내는 것이다. 원래 나는 경제에 대해서는 관심도, 개념도 없이 거의 문외한으로 살아왔다. 그러나 이제는 남편이 '엄지 척'을 할 정도가 되었다. 대단한 발전이었다. 성과급으로 받은 보너스 같았다.

아침 기상과 동시에 남편의 안녕을 확인하는 일은 하루를 힘차게 시작하는 원동력이 된다. 그다음은 남편의 하반신을 닦는다. 이 일을 하면서 두 가지 기쁨을 느낀다. 내가 그에게 절실히 필요한 사람이라는 것과 나의 건강이 따라준다는 것이다. 또한 부부 애정보다 더 두터운 신뢰감과 그를 지키고 있다는 자부심은 나의 행복한 아침을 열어 주는 열쇠이다.

나의 환자는 일거수일투족을 다른 사람이 해결해 주어야 한다. 얼굴이, 이마가, 귀가, 오른쪽이, 왼쪽이 가려운 곳이 참 많다. 코도 눈물도 닦아 주고 침도 가래도 받아 준다. 해 줄 때마다 '어쩌다가 내가 이렇게 됐나' 하는 신세 한탄이라도 할까 봐 늘 마음이 짠하고 조심스럽다.

소통은 환자의 시선, 얼굴 표정, 입 모양, 손가락 움직임 등으로 이루어진다. 그것으로도 안 되면 글로 쓴다. 다행히 고약한 병마란 놈도 글 쓰는 것까지는 뺏어 가지 못했다. 더 다행인 것이 있다면 사유하는 능력도 남겨 두었다는 것이다. 생각한 것을 말로 뱉어 내지 못할 때, 생각은 더욱 깊어지는 것 같다. 심연처럼 깊어 가는 남편의 사유.

균형 잡힌 식사는 환자의 생명을 지켜 주는 자양분이다. 씹을 수도 없고 삼킬 수도 없는 환자의 음식은 모든 재료를 삶고, 갈고, 채에 걸러서 젖병에 넣어 빨대로 빨아 먹도록 한다. 영양, 칼로리, 맛을 고려하여 정성을 다하여 만든다. 또 맛의 다양성과 영양의 밸런스를 위하여 곁들이는 메뉴가 있다. 들깨죽, 호박죽, 찐 더덕 간 것, 익힌 토마토 간 것 등은 보시기에 담아 숟가락으로 떠먹인다.

환자를 휠체어로, 워커로, 침대로 내리고 올리고 하는 일은 할 때마다 환자의 몸을 놓칠까 봐 긴장된다. 이런 생활이 오랫동안 지속되다 보니 내 몸의 배터리는 나날이 소진되어 가고 주치의라는 자부심마저 희미해져 가기 시작했다. 나도 두 차례나 환자 신세가 되어 주치의 임무를 며칠씩이나 빼먹었다. 대책이 필요했다. 나 자신에게 최면을 걸었다.

나는 대단한 사람이다.
나는 모든 일을 잘하고 있다.
나의 새 업무에 대해 누구도 나만큼 할 수 없다.

이 세 문장을 매일 틈만 나면 주문을 외우듯 중얼거렸다. 그러다 보면 어느 순간 내 몸이 다시 소생되곤 했다. 마치 내가 거는 최면이 모르핀 주사나 되는 듯.

'가정주치의'는 일 년 365일 연중무휴이며 야간근무까지 해야 하는 힘든 직업이다. 그렇지만 손씨 집안 8대 종손의 주치의라는 자부심이 내 안에 버티고 있는 한, 나는 언제까지나 이 어려움을 이겨 낼 수 있으리라 믿는다.

남편은 늘 나에게 '주는 사람'이었다. 사랑을 주었고, 돈을 주었고, 귀한 자식을 주었다. 이제 내가 주는 사람이 되려 한다. 돈도 자식도 아닌 무형의 사랑과 신뢰, 용기와 희망, 내게 남은 열정까지도. 그리하여 종손의 일생을 깔끔하게 마무리할 수 있도록 아내로서, 보호자로서, 또 주치의로서 최선을 다할 생각이다.

그런다 해도 내가 남편으로부터 받은 것의 반의반이나 보답할 수 있을까. 다만 바라는 것은 그가 말은 못해도 속으로 이렇게 생각해 주었으면 좋겠다.

'여보, 수고 많지, 고마워' 하고 말이다.

그날을 기다리며

매일 하루에 한 번, 아침나절 아니면 저녁 해가 막 넘어가려고 할 때 탄천으로 나간다. 탄천에 나가는 것은 크게 두 가지 목적이 있다. 하나는 걷는 운동을 하기 위함이고 다른 하나는 아들 집까지 가기 위함이다.

탄천을 따라 빨리 걸으면 20분, 천천히 걸으면 30분 거리에 아들네 집이 있다. 아들 내외는 결혼한 지 이제 겨우 한 달 정도 되는 새내기 부부다.

오늘도 아침밥을 먹고 7월의 태양이 서서히 열기를 내뿜기 시작할 때쯤 집을 나섰다. 아들이 살고 있는 아파트 벽에 쓰여 있는 글씨가 보이기 시작하고도 한 3분 정도 더 걸어야 아파트 간판이 정면으로 보인다. 거기까지 가면 아들 내외를 만난 듯 반갑게 마주 선다. 그러고는 주문 같은 것을 중얼거린다.

"늦게 만난 두 사람, 아들 낳고 딸 낳고 행복하게 오래오래 잘살거래이."

건물을 향하여 머리를 서너 번 조아리고는 다시 발길을 돌려 집으로 돌아온다.

'어머님, 감사합니다.'

이건 상냥한 며느리의 화답이다. 귀로 듣는 인사가 아니라 마음으로 듣는 말이다. 그러니까 매일 한 번은 아들 내외를 만날 뿐만 아니라 내 나름대로 간단한 인사도 주고받는 셈이다. 아들 며느리의 얼굴을 떠올리며 집에 돌아오는 길이 그렇게 행복할 수가 없다.

아들은 손씨 집안 9대 종손이지만 집에서는 누나 셋을 둔 막내다. 그 종손이라는 타이틀 때문에 어릴 때부터 집안 어른들의 관심의 대상이었다. 그것이 큰 부담이 되었던 것일까. 크면서부터 집안의 중심에 있어야 할 아들이 자꾸 밖으로 빙빙 돌기만 했다. 끌어당길수록 더욱 멀어지고 싶어 하는 아들.

아들이 20대가 되면서부터 결혼을 시켜야 한다고, 그래야 철이 든다고 남편도 그랬고, 집안 어른들도 그랬다.

그러나 아들은 어른들과는 다른 생각을 하고 있었다. 혼자 빠져나가는 것도 힘든데 두 사람이 되면 더욱 어려워질 거라고 생각했는지 결혼 같은 것은 하고 싶지 않다고 우리 가슴에 대못을 쾅쾅 박았다. 그때부터는 아들한테서 결혼을 거부하는 마음만이라도 걷어내야겠기에, 되도록 하라는 소리보다는 결혼의 장점 같은 것을 은근히 흘리는 선에서 그쳤다. 마음이 변하기만을 기다리면서.

드디어 결혼 적령기 30대에 들어섰다. 이제는 안달이 나기 시작했다. 남편은 한 발짝 뒤로 물러나고 시동생이 전면에 나섰다. 설득도 해 보고 압박도 해 보았으나 아들의 마음은 한 곳에 고정시킨 채널처럼 좀처럼 움직이지 않았다. 결혼이란 당사자가 하려고 해야 성사되는 것이지 누가 억지로 시킬 수는 없는 일. 드디어 우리 부부도, 시동생도 입을 다물었다. 마음으론 간절했지만 입 밖에 내어 말을 못하는 심정. 겉으로 멀쩡해 보였으나 내 속은 곪아 들어갔다.

그러다 마흔이 되고부터는 우리 부부는 체념 상태가 되었다. 인륜지대사가 어찌 우리 마음먹은 대로 되겠나 싶었다. 그저 물 흐르듯이 계절이 바뀌듯이 자연의 순리대로 되는 것 아니겠나 싶어 하늘의 뜻에 맡겨 두기로 했다.

그러던 어느 날 아들 입에서 결혼하고 싶은 여자가 생겼다고 했다. 어떤 아가씨인지 너무 궁금했지만 아무것도 물어보지 않았고 무조건 승낙할 것이라고 마음 굳게 먹었다. 한 여인을 찾기 위해 긴 세월을 헤맸으니 분명 예사 여자가 아닐 거라고 믿었다. 우리는 그냥 그 꽃을 두 팔 벌려 맞이하기만 하면 되었다.

두 사람은 2020년 6월에 그토록 바라던 결혼식을 올렸다. 그보다 더 기쁠 수가 없었다. 이제 나도 시댁 고향에 갈 때는 며느리 앞장세우고 어른 행세하면서 갈 수 있게 된 것이다.

늘 집에서 도망치기만 하던 아들 아니던가. 그런데 보고 싶으면 뛰어갈 수 있고, 궁금하면 당장 가 볼 수 있는 곳에 아들 집이 있다는 것이 나에게는 큰 행운이다.

그러나 집에는 들어가지 않는다. 건물만 쳐다보고 온다. 왜 들어가 보고 싶지 않겠는가. 어떻게 해놓고 사는지, 무얼 해 먹고 사는지, 밥을 먹는지, 빵을 먹는지, 찻잔은 얼마나 예쁜지, 가구는 무슨 색인지 궁금한 것이 한두 가지가 아니다. 그러나 나는 갈 수가 없다. 그 까닭을 알 수가 없었던지, 어느 날 며느리가 나에게 물었다.

"어머님은 언제 저희 집에 오실 거예요?"

얼른 대답할 수 없었다. 대답하려는 순간 목이 막혔기 때문이다. 조금 지나서야 겨우 입을 열었다.

"너거 시아버지 병이 나으면 같이 갈게. 너거 시아버지도 얼마나 가 보고 싶겠노. 그러니 조금만 더 기다려다오."

영민한 며늘아이라 내 마음을 알아차렸는지 더 이상 권하지 않았다. 남편은 몹쓸 병에 걸려서 언제 나을지 모르지만 그래도 나는 그날이 올 때까지 기다려야 할 것 같다. 만약 나 혼자 갔다 와 버리면 혹시라도 남편의 병이 영원히 낫지 않을까 싶어서다.

기다림이란 무한한 가능성을 가지고 있다. 그 기다림의 그릇을 '기대' '설렘' '희망' 이런 단어들로 가득 채웠다. 남편한테도 아들 집에는 당신과 같이 가려고 안 가고 있으니 빨리 나아야 한다고, 그래서 같이 가자고 했다.

그날은 올 것이다. 꼭 올 것이다. 둘이 손잡고 아들 집에 갈 날이 꼭 올 것이라는 기대와 설렘과 희망이 오늘도 나를 응원해 주고 있다.

아주 특별한 일흔두 번째 생일 선물

남편은 휠체어에 탄 채 물끄러미 창밖을 내려다보다가 매우 의미 있는 표정으로 문 대리를 불렀다. 문 대리에게 알려 주려 한 것은 우리 아파트 2층에 있는 꽃나무, 남편이 마음으로 정한 꽃나무였다. 그 꽃나무를 알려 주기 위해 남편이 할 수 있는 동작은 아주 제한적이다. 오직 눈동자와 손가락을 사용하여 의사를 전달해야 한다.

그 꽃나무는 우리 눈높이에 있는 것이 아니고 7층에서 2층까지의 거리가 있고 또 눈앞에는 유리문이 막고 있다. 남편과 문 대리는 어지간히 씨름을 한 후에야 서로 통할 수 있었다. 다행히 그 근방에 꽃이 핀 나무는 오직 그 나무뿐이었다. 그 꽃을 꺾어다 화병에 꽂아 거실 장식대 위에 올려 두라는 말은 글로 썼다.

'평소 꽃 꺾는 것을 무척 싫어하는 사람인데 웬일이지? 그것도 아파트 정원의 꽃을?'

의문이 드는 순간 바로 깨달았다. 그건 남편이 나에게 주는 생일 선물이라는 것을.

그날은 나의 일흔두 번째 생일이었다. 2년 전 고희 때는 남편이 목에 인공호흡기를 부착하는 해였기에 내 생일은 생각할 겨를이 없었다. 다음 해에도 아픈 남편 두고 생일은 무슨 생일이냐고 딸들에게 조용히 지내자고 했다. 그런데 오늘 남편이 꽃을 꺾어 오게 했다. 그것도 입주민이 해서는 안 되는 아파트 정원에 핀 꽃을….

우리가 사는 아파트 2층은 정원수를 심고 꽃밭을 만들고 놀이터와 산책길도 만들어 놓은 휴식 공간이다. 7층 우리 집에서 내려다보면 2층 풍경이 잘 보인다. 참 아름답게 가꾸어져 있다.

4월 하순의 라일락꽃은 귀부인처럼 우아하고 밝고 연한 보라색이어서 내가 좋아하는 꽃 중 하나다. 자기를 위해 고생하는 아내 생일에 무엇이라도 해 주고 싶은데 몸은 한 발짝도 움직일 수 없으니 궁여지책으로 아파트 정원에 핀 꽃을 꺾게 한 것이었다. 돈을 주고 꽃다발을 사 오게 했으면 문 대리도 수월했을 텐데, 굳이 그렇게 한 이유를 알 것도 같았다. 시중에서 파는 흔한 꽃보다 그의 마음이 담긴 특별한 꽃을 주고 싶었을 것이다. 꺾어 온 라일락의 꽃말이 '첫사랑', '젊은 날의 추억'이라는 것을 나중에야 알았다.

라일락 꽃말대로 젊은 날의 추억이 보랏빛처럼 피어올랐다. 내가 시집왔을 때 수안동 집에는 같은 보라색 꽃인 등나무도 있었지만 한아름이나 되는 라일락나무도 있었다. 봄이 깊어 갈 때쯤에는 라일락 향기가 온 집안에 진동했고, 새댁 마음에까지 스며들었다.

젊은 날의 추억이 또 하나 있다. 지금에 비하면 젊었다고 할 수 있는 나의 회갑 때, 남편한테서 꽃다발 선물을 받았다. 장미 꽃다발이었다. 선정적인 붉은 빛깔 장미, 예순한 송이였다. 그는 와이셔츠 소매 끝이 살짝 보이는 정장을 입고 '축하한다'는 말과 함께 장미를 안겨 주었다. 그의 행동은 거침이 없었다. 그의 몸은 활기가 넘쳤다. 그의 웃음은 호탕했다. 장미만큼이나 자신만만했다. 그때는 그랬다.

거실 장식대 위에 꽃가지를 우아하게 늘어뜨리고 있는 라일락은 무언가 모를 간절함이 있어 보였다. 말을 못하는 남편의 절절한 마음을 대신 품고 있어서일까. 우리 부부처럼 쓸쓸해 보이기도 했다.

젊었을 때 고생은 사서라도 한다고 했다. 노년을 대비한 '행복보험' 같은 것이 아닐까. 우리 부부는 일찌감치 그 '보험'에 가입했다. 다달이 고생과 노력을 적립해 나갔다. 그 보험금이 만기가 되면 그동안의 이자까지 붙어 '행복'이 되어 있을 것이다. 그러면 우리는 그것을 찾기만 하면 된다.

내 회갑 때는 빨간 장미 예순한 송이를 든 남편의 하얀 와이셔츠와 하얀 이가 두드러져 보였는데, 일흔두 살 생일에는 흰 와이셔츠 대신 환자복이, 흰 이 대신 흰 머리카락만 두드러졌다. 회갑 때의 자신만만하던 패기는 보이지 않았다. 그러나 나를 바라보는 눈빛만은 변함 없어 보였다.

말을 못하는 사람은 대신 귀가 매우 밝다고 한다. 남편은 눈빛이 깊어진 듯했다. 하고 싶은 말을 눈 속에 담고 있어서 그런 것인지도 모른다. 남편의 눈 속에 담긴 말을 추측해 보고 있을 때였다. 문득 라일락이 남편의 마음을 알고 있는 듯 속삭였다.

'여보, 당신 생일 축하해. 고생 많지! 고마워.'

나도 속으로 말했다.

'여보, 그런 몸으로도 내 생일을 기억해 주다니, 정말 고마워요!'

다행스럽게도 젊은 날 부지런히 적립해 놓은 보험금이 노년의 어려운 상황에서 우리 두 사람 마음을 잘 엮어 주고 있는 것 같았다. 남편이 입 모양을 '소' 하면 나는 '변' 하고 두 음절을 단박에 엮을 줄 알고, 내가 '여보' 하면 남편은 '은은한 미소'로 엮어 나에게 보내 준다. 그 은밀한 미소의 뜻을 굳이 말할 필요는 없다. 50년 된 만기 보험금 속에는 그 답도 있으니까.

내 생애 단 한 번뿐인 일흔두 번째의 아주 특별한 선물. 아마도 나의 마지막 날까지 오래오래 잊지 못할 것 같다.

5_ 남편은 아직 현역이다

생각 따라 마음 따라

미미는 하루에 두 번 이사했다

능소화를 보며

초대받지 못한 축제

바다와 함께 춤을

어느 특별한 아침

남편은 아직 현역이다

생각 따라 마음 따라

어느 해 여름, 강원도 상원사 갤러리에서 한 폭의 그림을 만났다. 검은 바다가 산만 한 바위를 품고 깊은 사색에 잠겨 있는 그림이었다. 우람한 바위를 에워싼 춤추는 듯한 잔물결. 화폭 오른쪽 끝자락에 안개꽃처럼 화려하기도 하고, 흩어진 구름 조각처럼 쓸쓸하기도 한 물보라가 일고 있었다.

침묵하는 바다 앞에서 나는 요지부동이었다. 그림 제목을 보는 순간 몸은 금방 굳어졌고, 뭍에 나온 물고기처럼 가슴만 할딱거렸다. 그림 제목을 보지 않았거나 사찰에 그림을 들여온 스님이 '업장소멸'이라는 제목으로 바꾸지만 않았더라도, 그래서 처음 제목처럼 '새벽바다'였다면 상황은 달라졌으리라. 천지가 개벽했을 때처럼 아무것도 첨가 되지 않은 순수한 흑과 백의 무채색 바다를 보면서, 어린 날 바닷가에서의 추억을 떠올렸을 테고, 천방지축 물장구 치던 아련한 기억을 더듬으며 행복해하지 않았을까.

스님은 바닷속의 덩그런 바위를 선한 물결을 갈라놓은, 바다의 평화를 앗아간 존재로 생각했던 것일까? 보이지 않는 인간 내면에 수년간 쌓인 업장으로 보았던 것일까? 모가 난 바위는 오만해 보였다. 어떻게 저 모남을 깎아 낼 수 있을까. 또 얼마나 닦으면 저 도도함을 내려놓을 수 있을까. 광 속에 갇힌 강아지처럼 끙끙대다가 가까이에 두고 해답을 찾아볼 심산으로 그림을 가져왔던 것이다.

그 후 자주 그림 앞에 서곤 했다. 벽에 가만히 걸려 있는 그림이 수시로 변하고 있었다. 어쩌다가 남편과 충돌이라도 한 후 그림 앞에 서면 침묵하던 바다가 갑자기 사나운 파도를 일으켜 바위에게 시비를 걸었다. 바위는 덤벼드는 물살을 조각조각 부수어 버렸다.

입가에 미소가 피어나는 어떤 날은 바다가 비단 같은 물결로 모난 바위를 가만가만 쓰다듬었다. 바위는 하얀 포말을 일으키며 율동적으로 다가오는 파도에 온몸을 맡기고 서 있었다.

이렇듯 그림 속 바다는 어제와 오늘이 달라 보였다. 다르게 보이는 게 어디 말 없는 사물뿐이겠는가. 사람도 그러했다. 전형적인 경상도 남자인, 입이 무거운 남편을 보고 평상심일 때의 나는 나불거리지 않아서 좋고, 남자답게 듬직해서 좋다고 고운 눈길을 보내곤 했다. 그런 남편이 불현듯 미련스럽기 짝이 없어 보일 때가 종종 있다. 심사가 뒤틀리는 날이면 그랬다.

여름에 그림을 들여놓고 가을과 겨울이 지나고 이듬해 봄이 왔다. 동절기 동안 냉랭했던 몸에 따뜻한 전류가 흐르기 시작했다. 머릿속이 스멀스멀했다. 발가락이 찌릿했다. 모든 감각기관은 스펀지처럼 말랑해졌으며 마요네즈처럼 부드러워졌다.

거실 벽에 매달려 지루하게 겨울을 난 그림 '업장소멸'에도 봄 아지랑이가 아른아른 치댔다. 아지랑이의 응석 때문일까 봄기운 때문일까, 도도하기 그지없던 검은 바위가 어디론가 잠적했다. 그 자리에 편안하게 보이는 바위가 살며시 드러났다. 업장 같았던 바위가 바다의 수호신처럼 거룩하게 보이는 순간이었다.

그림은 내 의식이 몽롱해진 한순간 불현듯 '새벽바다'

라는 이름으로 바뀌어 있었다. 그림 속 바위는 물결을 갈라놓으려고, 바다의 평화를 부수려고 있었던 것이 아니었다. 밋밋한 수평선 위에 삼각형을 세워 단조로운 구도에 변화를 주려 했던 것이지 싶다. 또한 파도와 바위의 만남으로 화음을 이루려 했던 것은 아닐까.

모든 것은 이렇듯 마음이 지어낸단 말인가. 망망대해 위에 부표처럼 떠오르는 다섯 글자, 그것은 '일체유심조'였다.

미미는 하루에 두 번 이사했다

미미는 우리 집 개 이름이다. 이름만큼이나 얼굴도 예뻤다. 거기다 새끼도 잘 낳았다. 한창 때는 한 해에 두 번 출산한 적도 있었다. 하필이면 연년생으로 줄줄이 네 명을 낳은 이 집 안주인을 닮은 것이 아닌가 싶었다.

생명력이 넘치는 5월 어느 날, 미미는 세 번째 새끼를 낳았다. 새끼도 낳을수록 이력이 생기는지 시츄 품종인 그 작은 체구로 열 마리나 낳았다.

나는 아침마다 마당에 있는 미미와 창문을 통해 서로 눈인사를 하곤 했다. 그날 아침에는 미미의 깜찍한 얼굴도, 더구나 살살 흔들며 '굿모닝' 하던 꼬리도 보이지 않았다. 며칠 전부터 처진 배를 버거워하던 게 생각나 얼른 베란다 밑으로 가 보았다. 내 눈에 들어온 것은 한 무리의 강아지 떼였다. 갓 태어난 생명체들은 일제히 눈을 감고 모로 누워 있었다. 모두 평화로워 보였다. 마치 먼 길을 달려온 평화의 사절단처럼.

그런데 어미는 새끼 열 마리를 핏발 선 두 눈 안에 송두리째 집어넣고 매서운 눈초리로 나를 응시했다. 평소의 순한 눈빛이 아니었다. 새끼를 지키려는 어미의 본능적인 경계 태세. 미미가 아닌 것 같은 생각이 들 지경이었다.

조그만 몸으로 열 마리나 되는 새끼들을 어찌 먹여 살릴까 걱정이 앞섰다. 젖을 물리려면 자그마치 열 개의 젖꼭지가 있어야 하는데 말이다. 새끼를 낳고 사흘째 되는 날이었다. 미미가 마당 가운데로 나와 벌렁 드러누웠을 때였다. 미미의 배에는 연분홍 젖꼭지가 모두 열 개였다. 놀라웠다.

제대로 눈도 뜨지 못하는 새끼들이 더듬더듬 어미가 있는 곳으로 기어가더니 어미를 가운데 두고 다섯 마리씩 갈라섰다. 그리고 젖을 하나씩 차지하고 빨기 시작했다. 미미는 세상 모든 것을 가진 듯 행복에 겨운 표정이었다. 5월의 따스한 햇볕이 어미와 새끼 위에 보드랍게 쏟아지고 있었다.

새끼들이 닥치는 대로 젖꼭지를 무는가 싶어도 그렇지 않았다. 덩치가 가장 큰 놈이 가장 크고 빨기 수월한 것을 낚아챘다. 가장 빨기 어려운 곳, 사타구니 쪽에 남은 젖꼭지는 제일 왜소한 놈의 몫이었다. 그러나 약자의 서러움 같은 건 아예 모르는 듯, 제 몫이 있다는 것에 감사하는 듯 어미 사타구니에 간신히 입을 들이밀고 열심히 빨았다.

20분쯤 지나자 새끼들의 배가 볼록해졌다. 모두 어미에게서 떨어져 나와 제자리로 돌아갔다. 홀로 된 어미는 지친 기색도 없이 흐뭇해하는 것 같았다. 다 내어주고도 오히려 모든 것을 얻은 표정이었다. 자식에게 아낌없이 주고 난 뒤 뿌듯함 같은 모성이 분명 개에게도 있었다.

세월 따라 미미도 늙어 갔다. 이제 단산했겠지 싶은 어느 이른 가을에 또 몸을 풀었다. 이번에는 네 마리였다. 노산이어서인지 어미도 새끼도 시들시들했다. 해산 뒤 사흘을 두문불출했다.

나흘째 되던 날, 아침부터 미미가 마당을 서성거렸다. 무슨 생각을 했는지 새끼 한 마리를 덥석 물고는 질질 끌고 마당으로 나왔다. 양지바르고 사람들 발길에 채이지 않는 분재실 앞에 새끼를 내려놓았다. 나머지 세 마리도 같은 곳으로 옮겼다. 미미 일가족은 해바라기하며 즐거운 낮시간을 보냈다.

가을볕은 금세 사그라졌다. 새끼들은 다투어 어미 품을 파고들었다. 어미는 그중 한 마리를 또 물었다. 이번에는 마당 구석 쪽으로 갔다. 사방이 나무로 둘러싸였고 키 큰 나무들이 맞물려 하늘도 가려 주는 안온한 곳이었다. 세끼 네 마리는 끌려가면서 온몸이 흙투성이가 되었다. 지붕이 낮고, 입구가 좁고, 평수가 작은 제 집을 팽개치고 좀 더 환경이 좋은 곳으로 거처를 옮기는 미미의 정성이 갸륵했다.

맹모삼천지교만이 훌륭한 것이 아니었다. 새끼를 위해 하루에 두 번이나 이사를 하는 미미의 열성도 대단했다. 견모일일이천지애犬母一日二遷之愛라고나 할까. 수컷의 생리를 아는 미미는 애비인 동경이조차도 새끼 근처에는 얼씬도 못하게 했다. 이만하면 새끼를 걱정하고 사랑하는 개의 모성이 어찌 사람보다 못하다 할 수 있을까? 해서 '개만도 못한 사람'이란 욕을 들어 마땅한 사람도 있지 않는가.

능소화를 보며

여섯 살짜리 외손녀가 놀러왔다.

"외할아버지, 이 나무 참 쓸쓸하게 보이지요!"

안방 창문 앞 분재실 위로 덩굴을 뻗은 능소화를 두고 하는 말이다. 한 폭의 수채화처럼 화려했던 꽃들, 푸른 청춘을 드날리던 잎들은 간 곳이 없고 회색 덩굴만 남아 있다. 잎도 가지도 다 떨어진 덩굴은 말라서 껍데기가 누더기처럼 더덕더덕 붙어 있다. 그러나 초라한 겉모습과는 달리 언뜻 보이는 뽀얀 속살은 벌써부터 봄을 준비하고 있는 듯도 하다.

요즘 애들은 배 속에 있을 때부터 엄마와 같이 독서를 해서 그런지 재잘대는 것이 꼭 연극 대사를 외는 것 같다. 나무를 바라보는 어린 눈길 또한 엄마가 애기를 대하듯

애틋함이 가득하다. 외손녀가 말한 쓸쓸한 꽃나무는 안방 창문을 열면 손이 닿을 듯 말 듯한 곳에 드리워져 있다. 창문을 닫아도 은은히 비친다. 낮에는 햇빛을 이고 밤에는 달빛을 업은 그림자가 마치 창문에 그려진 묵화 같다.

늦은 봄부터 여름 내내 환하게 웃고 있는 능소화. 외손녀같이 구김살 하나 없다. 담을 타고 오르는 덩굴은 맵시 있는 아가씨의 S라인 같기도 하고 출렁이는 물결 같기도 하다. 금방이라도 상큼한 화음을 터뜨릴 듯 입을 모아 한 곳을 바라보고 있다. 마치 무대 위의 합창단처럼.

꽃송이 빛깔도 위로 반 이상이 붉은 주홍빛이고 아래로 갈수록 점점 옅어져 속 깊은 여인네처럼 은은하다. 꽃잎 안쪽에 세로로 그어진 붉은 줄이 혈맥처럼 선명하다. 그래서인지 임금님의 마음을 단박에 사로잡아 버린 '소화'라는 어여쁜 궁녀의 이름에서 따온 능소화는 행동거지가 조신한 양반집 규수처럼 귀티가 난다.

여름이 지나 꽃이 흩어지고 나면, 이리 꼬이고 저리 비틀린 가지가 마치 중년 여인의 섹시한 자태를 보는 듯하다. 중년이라면 인생을 좀 알 만한 나이기에 고집스럽고 팍팍하던 성깔도 죽이고, 뻣뻣하고 도도하던 머리도 숙일

줄 아는 다소곳한 겸손도 있어 보인다. 그러나 궁녀 '소화'를 하룻밤 사이에 빈嬪으로 책봉한 뒤 다시는 찾아오지 않는 임금을 기다리던 흔적인 듯, 터지고 찢어진 덩굴의 상처를 보는 내 마음도 아리다.

깊어 가는 가을밤, 능소화 덩굴은 흐르는 달빛을 안고 안방 창문에 와서 일렁거린다. 바람이 불어 몇 남은 잎이 한들거리는 모습은, 세상이 살 만하다고 고마워서 나붓나붓 인사하는 것 같고, 가끔씩 세찬 비바람에 금방이라도 '뚝' 소리를 내며 떨어질 것 같은 잎, 잎과 함께 굵은 덩굴까지 이리저리 흔들릴 때는 사는 게 너무 힘들다고 하소연하는 몸짓 같기도 하다. 때로는 잠이 깨어 무심히 창문을 쳐다보면 마지막 남은 잎끼리 무언가 속삭이는 것도 같다.

'세월이 참 무상하지?'

'그래. 하지만 사는 게 별거냐? 그저 이렇게 수수하게 살다 가는 게지.'

어쩐지 나한테 하는 말 같다. 그래도 못다 한 말은 가지가 창문에다 글을 쓰기도 한다. 오늘따라 능소화가 하고 싶은 말이 많은 것 같다.

초대받지 못한 축제

사월의 첫 주말 아침. 마음놓고 푹 잘 수 있는 날이다. 그러나 짙게 드리워진 커튼 틈새로 비집고 들어온 불청객. 내 눈과 마주친 한 줄기 밝은 빛. 너무 눈부셨다. 튕기듯 일어나 커튼을 열어젖혔다. 창문 가득 밀려드는 사월의 풍경. 어디선가 환호성이 들리는 것 같았다.

아파트 7층 우리 집에서 사선으로 100m쯤 떨어진 곳에 탄천이 있다. 탄천 양쪽으로 꽤 넓은 인도와 자전거 길이 나란히 있다. 자전거 길 위로는 제방이다. 그 제방 뒷줄에는 소나무가, 조금 낮은 앞줄에는 벚꽃나무가 두 줄 횡대로 도열하여 장관을 이룬다. 만발한 벚꽃이 핑크빛 드레스를 입은 여자들이라면, 뒷줄의 녹색 제복을 입은 소나무는 파트너로 뽑혀 온 남자들 같다. 아슴푸레하게 보이는 그곳 분위기는 조금씩 술렁거리는 듯하다. 곧 노천 무도회가 열릴 것처럼.

허락하는 만큼 나는 목을 길게 빼고도 모자라 까치발까지 해서 내려다보았다. 그곳에는 정자동 일대의 젊은이들은 모두 모인 것 같았다. 하지만 나처럼 나이 많은 이들은 한 명도 보이지 않았다. 초대받지 못한 아쉬움 같은 것이 물결처럼 일어났다.

관중으로 모인 새들과 바람과 햇볕이 탄천의 무도회 분위기를 한껏 고조시켰다. 바람에 여인들의 드레스가 살랑댔지만 녹색 제복은 별 요동이 없었다. 모두 경상도 출신이지 싶었다.

드디어 '봄의 소리 왈츠' 곡이 내 귓가에 은은히 들리는 듯, 하늘하늘한 벚꽃이 대체로 키가 작고 뻣뻣한 소나무를 감싸고 돌며 유연하게 몸을 움직였다. 탄천의 물도 흥겨운 듯 출렁였다. 여인들의 드레스가 햇빛에 속살이 드러날 듯 투명했다. 사월의 아침 무도회장은 솟아오르는 해처럼 슬슬 달아올랐고, 창가에 서서 그곳을 바라보는 나의 마음은 젊었던 시절로 돌아가고 있었다.

그때도 사월이었다. 중순쯤이었을까? 진해 벚꽃축제에

갔었다. 그때 아직 서른 살이 안 되었지만 아이가 둘이었다. 게다가 만삭의 몸이었다. 축제 장소는 초입부터 길 양쪽으로 만발한 벚꽃이 하늘을 뒤덮어 연분홍 휘장을 두른 듯 햇볕도 가렸고, 구름도 가렸다. 마치 아방궁처럼 안온하고 화려했다. 그 안의 사람들도 모두 벚꽃처럼 환했다.

연년생인 네 살, 세 살 된 두 딸을 가운데로 모으고, 나는 맨 안쪽에 남편은 맨 바깥쪽의 울타리가 되어 일렬로 손을 잡았다. 남녀노소 물밀듯이 밀려왔지만 우리는 한몸처럼 손을 놓지 않았다. 흐드러진 벚꽃을 감상하던 사람들이 지나가며 우리 가족 넷을 쳐다보았다. 그들은 딱 붙는 청바지에 남방을 입은 남편과, 좋아서 폴짝폴짝 뛰면서 걷는 두 딸과, 연한 연두색 치마저고리를 입은 배불뚝이 나를 차례로 훑는 것이었다. 솟아오른 내 배에 그들의 시선이 조금 더 머물렀다. 그러거나 말거나 나는 행복했다. 세월 따라 바래져 버린 흑백사진도 그렇게 증명하고 있다.

일찍 시집온 나는 집안일을 열심히 했다. 틈나는 대로 자식 농사도 열심히 지었다. 다산이 곧 부의 상징이나 되는 듯. 그렇게 농사를 짓다 보니 젊었을 때 내 배는 비어 있은 적이 거의 없었다. 사진마다 흥부네 박을 얹어 놓은 듯이 불룩했던 배. 그래서 놀러 갈 때는 그 배를 감추기에 안성맞춤인 풍덩한 한복을 즐겨 입었던 것 같다.

때때로 바닷바람이 지나갔다. 그럴 때마다 벚꽃은 아래로 아래로 춤을 추며 내려왔다. 아방궁 안에는 꽃눈이 내렸다. 우리 아이들 머리 위에도, 남편의 빳빳한 어깨 위에도, 내 고운 버선발 위에도 내렸다. 아이들은 그 고운 꽃잎을 하늘에서 내려 주는 보물인 양 그걸 받으려고 걸음을 멈추고 두 손을 펴곤 했다.

땅바닥에 흥건한 꽃잎이 다칠까 봐 요리조리 피해서 걷던 아이들의 앙증맞은 발이 눈앞에 아른거린다. 그리고 봄 처녀처럼 부드러운 연둣빛 뉴똥 치마를 휘날리던 내가 떠오른다. 그날은 나도 지금 저 탄천변의 춤추는 여인들처럼 젊고 아름다웠는데. 세월은 어느새 흘러 나는 저 젊은이들의 축제에 초대받지 못한 채 한 발 비켜나 있다.

바다와 함께 춤을

가을 풍경이 쓸쓸하던 11월 어느 날, 나그네가 되어 찾은 펜션은 동해 바다가 훤히 보이는 강구였다. 바다만 보면 그윽한 연인의 눈빛을 보는 듯 가슴 설레는 것은 젊음을 바다와 함께 보냈기 때문일까?

펜션에서 하룻밤을 묵은 새벽, 깜깜한 정석 속에서 들려오는 파도 소리는 현실의 굴레를 잠깐 벗어난 여인의 가슴에 파문을 일으키며 다가왔다. 무슨 말을 하려고 했을까? 그러나 모래사장에 하얀 거품만 남겨 놓고는 미련없이 물러갔다.

멀리 수평선 끝자락에 어둠을 뚫고 솟아오르는 붉은 덩어리. 까맣던 천지를 발갛게 물들였다. 붉은 덩이는 일제히 바다 위로 내려왔다. 잿빛 바다를 불태웠다. 춤을 추었다. 춤사위가 자진모리장단에 맞추듯 잔잔하면서도 빨랐다. 어둠을 헤치고 떠오르는 태양은 아득한 옛날, 단발머리 소녀 시절로 나를 데려갔다. 영애, 상옥이, 나영이, 봉술이, 순이, 찬용이, 태경이… 그 애들은 어디서 무엇을 할까?

어느새 마음은 포항을 향하고 있었다. 강구에서 멀지 않은 포항. 해변에 들어서자 그립던 바다 내음이 확 안겨왔다. 어디선가 깔깔대는 가시나들의 웃음소리가 들려왔다. 뒤를 돌아보았다. 아무것도 없었다. 하늘을 날고 있는 갈매기뿐이었다. 11월의 백사장은 쓸쓸하게만 보였다. 한때 내 젊음의 표상이었던 바다. 그 바다는 그때 그대로였다. 초겨울 바닷바람에 주름진 나의 볼이 달아올랐다.

바람이 이는 수평선은 오선지가 되어 나풀거렸다. 음표 따라 위로 아래로 오르내리는 갈매기들, 똑딱선들. 아침햇살이 파도에 부서지며 일으키는 하얀 물거품. 구름 떼가 바다 위에 그림자를 남기며 흘러갔다. '즉흥환상곡'이 연주되는 듯, 내가 세상에서 처음 알았던 한 소년의 얼굴이 잠시 스치고 지나갔다.

철없던 날의 소녀는 여름방학만 되면 바다에 갔었다.

해수욕객들로 몸살을 앓던 신작로가 쉴 새 없이 뽀얀 먼지를 뿜어냈다. 나는 무엇 때문인지 그 먼지가 이는 길을 걷고 있었다. 폭포처럼 쏟아지는 땡볕도 우리 걸음을 멈추게 하지 못했다. 마냥 행복했다. 바다를 만나러 가는 길이었기 때문에. 그날 내 일기장의 마지막엔 이렇게 적혀 있었다.

우리는 물속에서 보자기에 싸 간 풋사과로 던지기 놀이를 하였다. 그러다가 배가 고파지면 물 위에 뜬 사과를 베어 먹었다. 이 편에서 한 입, 저 편에서 한 입, 나중엔 꼭지만 달랑 남았다. 친구들 입술이 서서히 바다색을 닮아가면 먹이를 찾는 비둘기모양 뜨거워진 모래 위로 슬슬 올라왔다. 그 위에 앉아 우정의 맹세를 했다. 영원히 변치 말자고.

단발머리에, 아직 수영복도 제대로 채우지 못한 빈약한 소녀의 가슴. 그래서 더 헐렁하게 보이던 수영복에 딸딸이 신고 찍은 사진만큼이나 낡아 버린 그때 일기장이었지만 그 안의 추억만은 풍성했다.

어린 시절부터 대학생이었을 때도, 어른이 되었을 때도, 내 가슴속엔 항상 비취색 바다가 출렁이었다. 부산 해운대 바다의 부서지는 파도 앞에서 야릇한 카타르시스를 느꼈던 30대, 파도의 리듬에 맞춰 왈츠를 추곤 했다.

뒤척이는 소리에 퍼뜩 정신이 들었다. 자는 줄만 알았던 남편이 무뚝뚝하게 말을 건네 왔다.

"안 자고 거 서서 머 하노?"

"머 하기는요! 옛 연인카 춤추고 있었지!"

그랬다. 난 돌아갈 수 없는 시절로 돌아가 나의 영원한 연인인 바다와 춤을 추고 있었다.

어느 특별한 아침

여름이 무르익어 갈 즈음, 경주 '서라벌'이라는 마을에 1박2일 여행을 가게 되었다. 마을 입구에 드문드문 남아 있는 초가지붕이 옛 신라를 연상시켰다. 언뜻 보기에는 나지막하고 조용한 듯했으나 화랑의 정기가 서린 듯 힘이 있고 꿈이 있어 보였다. 마침 언이은 상맛비로 계곡에선 물소리가 요란했고, 빗물에 씻긴 싱그러운 풀들은 새 옷을 입은 어린애들처럼 좋아서 아우성쳤다. 마을은 온통 초록 물결로 술렁였고, 모처럼 도시를 떠나 집을 떠나 가족에서 해방된 중년 여인의 마음도 설렜다.

다음 날 이른 아침, 비 온 뒤의 마을은 쏟아지는 햇빛 속에서 눈부시게 빛났다. 무성하게 자란 풀 사이로 배롱나무, 수국이 보였다. 나는 쑥부쟁이, 개망초가 잔뜩 우거진

풀섶으로 걸음을 옮겼다. 꽃무리 앞으로 바싹 다가갔다.

맨 먼저 풀잎 마다마다에 맺혀 있는 이슬방울이 보였다. 맑고 투명한 낱낱의 결정체들. 건드리면 사라질 것 같은 가벼움. 건드려 보고 싶었다. 나도 모르게 톡 건드렸다. 놀랍게도 그것들은 떨어지지 않았다. 오히려 한 덩어리로 뭉쳤다. '흩어지면 죽고 뭉치면 산다'는 어느 장수의 말이 떠올랐다. 그랬다. 나는 약해도 우리는 강했다. 낱낱의 개체가 집단이 된 이슬은 더 이상 약해 보이지 않았다.

다음은 거미줄로 시선을 옮겼다. 명주실처럼 가늘디가는 줄 위에 크리스털 같은 물방울이 촘촘히 맺혀 있었다. 맺힌 물방울에 반사된 아침 햇살. 별처럼 영롱했다. 실낱 같은 거미줄에 은 물방울이 총총 매달려 금방이라도 끊어질 것 같았다.

이번에도 호기심이 동한 나머지 슬쩍 건드려 보았다. 휘청했을 뿐 결코 끊어지지 않았다. 겉으로 보기와는 딴판이었다. 매우 약해 보이는 거미줄에도 남모르는 내공의 기술이 있다는 걸 알아차리고 있을 때, 문득 숨어 있는 거미가 내게 이런 말을 하는 것 같았다.

'그렇게 적당히 대충대충 살다가는 후회할 거야.'

삶을 얕보거나 쉽게 생각한 적은 결코 없었다. 그렇다고 거미처럼 빈틈없는 설계공법으로 자기 보금자리를 짓는 철두철미한 삶도 아니었다. 그저 살아가기 급급한 삶이었다. 그런 나에게 경고할 만도 했다.

마침 그 해는 내가 태어난 해의 천간지지天干地支가 똑같은 만 60세 되는 회갑년, 무자년이었다. 60년 간의 연습이 있었다. 그걸 바탕으로 좀 더 잘살아 보라는 메시지 같기도 했다.

그날 시선을 끄는 또 다른 생명체는 개미였다. 개미 군단이 도랑을 따라 움직이고 있었다. 제 몸의 몇십 배 되는 먹이를 어디론가 옮기고 있었다. 그들만의 비밀 창고는 어디쯤일까? 앞에서 당기고 뒤에서 밀고, 개미들은 일사불란했다. 가만히 있어도 등에 땀이 흐르는 칠팔월의 땡볕에서였다.

이슬방울의 응집력, 거미의 용의주도함, 개미의 협동심이 느슨해진 내 일상을 일깨웠다. 존재의 보존을 위해, 자신을 지키기 위해 서로 힘을 합쳐 잘 살아보겠다는 그들에게서 우리 삶을 되돌아보는 특별한 아침이었다.

남편은 아직 현역이다

1. 어둠에서 빛으로

2011년 봄, 의사로부터 처음 남편의 병명을 판정받았다. 루게릭병, 5년을 넘기기 어렵다고 했다. 치료약도 없고 생명 연장을 위한 어떤 대책도 없다는 것이었다. 다만 예외가 있기는 하다고 했지만, 그것은 절망하는 우리 마음을 위로하기 위한 말로밖에 들리지 않았다.

내가 할 수 있는 일이 있다면 의사의 오진이기를 바라는 마음, 그것뿐이었다. 그리고 오진이 아니더라도 앞으로 좋은 약이 개발될 수도 있다는 그런 말이 듣고 싶었다. 그 일이 모래 속에서 진주를 찾는 것만큼 어렵다 하더라도 어려운 것과 없는 것은 분명히 다르니까.

또 세계적인 물리학자 '스티븐 호킹' 박사의 예를 들면서 스물한 살 젊은 나이에 그 병에 걸렸어도 일흔 살이 넘도록 살고 있고, 위대한 업적까지 남겼지 않느냐고, 그런 기적 같은 행운을 기대해 보자는 말이 듣고 싶었다.

먼저 국내에서 이 병의 권위자인 모 박사를 찾아갔다. 근전도를 포함한 몇 가지 검사를 받았다. 불행히도 검사 결과는 같았다. 앞이 캄캄했다. 그러나 주저앉을 수만은 없었다. 남편과 나는 실낱같은 희망을 붙들고 태평양을 건너기로 했다.

미국 미네소타 주 로체스터의 '메이요 병원'을 찾은 것은 2013년 11월 18일, 초겨울이었다. 그 병원에서 며칠에 걸쳐 심도 깊은 검사를 받았다. 그동안 가물가물했던 빛이 환하게 밝혀지기를, 이국의 하늘 아래에서 간절히 기도했다. 가혹하게도 검사 결과는 달라지지 않았다. 천지가 금방이라도 무너져 내릴 것 같았다. 미네소타의 겨울 날씨는 혹독했다.

"5년을 넘기기 어렵습니다."

시한폭탄 같은 '5년'. 이런 절망적인 소리를 또 들으려고 그 먼 길을 간 게 아니었는데…. 지금도 미네소타 주의

로체스터는 나에게 아픔을 준 도시로 남아 있다. 풀 한 포기 나무 한 그루 볼 수 없는 삭막한 도시, 드문드문 있는 높은 빌딩은 모두 회색빛이었고 하늘은 우중충했다.

미국까지 갔다 온 후부터 루게릭병을 현실로 받아들일 수밖에 없었던 남편은 심적 부담을 느끼게 되었다. 그것은 8대조께서 남겨 놓으신 250년이 넘는 고향집을 남편이 중수하겠다고 시아버님 살아 계실 때 한 약속 때문이었다.

시한부 진단을 받은 그의 마음은 여유가 없었다. 서둘렀다. 2014년 9월에 고향집을 헐고 다시 짓기 시작했다. 공사는 잘 진행되어 다행이었지만 그의 병도 같이 진행되고 있었다. 어떤 때는 병원 입원실에까지 목수가 건축 도면을 가지고 와서 상의하기도 했다.

드디어 이듬해 4월에는 상량식을 거행했고, 만 일 년 된 9월 12일에 준공식을 하였다. 생전에 꼭 풀어야 할 숙제를 마치게 된 그의 기쁨은 이루 말할 수 없는 것 같았다.

그러는 가운데 남편의 몸은 2016년 하반기부터는 급격히 나빠지기 시작했다. 호흡이 가빠지고 음식 섭취가 어려워지면서 체중이 점점 줄어들었다. 급기야는 47kg까지 떨어졌다. 의사의 최종 권유는 기관지 절개 수술이었다.

수술 후 인공호흡기를 부착하여 호흡이 정상으로 회복되면서 음식 섭취도 어느 정도 정상으로 돌아왔다. 인공호흡기를 부착한다는 것은 의사가 말한 5년 시한부의 벽을 깨고 넘어선다는 것을 뜻하는 것이었다.

그는 소생하고 있었다. 하루에 거의 400g씩 체중이 불어났다. 맨 먼저 살이 붙은 곳은 어깨 윗부분이었다. 어깨 근육이 빠져 3cm 가량 푹 파여 있었는데 그곳이 메워졌다. 드디어 만 4개월 만에 체중이 60kg을 돌파했다. 그에게 근육의 증가는 생명의 소생과도 같았다.

봄날 풀들이 돋아나듯 그의 몸은 살아났다. 우리의 희망도 살아났다. 수술한 그 해 11월에 다시 입원하여 건강상태를 점검받았다. 집에서 만든 환자 음식과 그동안의 환자 관리가 최상이었다는 결론이 나왔다. 자신감이 나의 전신에 넘쳐흘렀다. 하늘을 뒤덮었던 먹구름이 환하게 걷혔다.

2. 빛에서 더 밝은 빛으로

2018년 1월, 희망의 돛을 높이 올리고 남편은 출근을 시작했다. 남들처럼 넥타이를 매고 양복을 입고 회사로

가는 것이 아니었다. 헐렁한 파자마 차림으로 안방에서 거실로 출근한다. 비록 옷은 헐렁하지만 마음만은 굳건한 의지로 꽉 차 있다. 출근 시간 역시 빈틈이 없다. 매일 아침 9시면 어김없이 나선다. 그는 좌절하거나 괴로워하는 대신 할 수 있는 일들을 찾아서 하루하루를 보람 있게 보내려고 애쓴다. 단 1분도 허투루 보내지 않으려고 한다.

침대에서 내려 휠체어를 타고 일터로 정한 거실에 나오면 '워커'로 옮긴다. 워커에 몸을 의지하면 혼자서 똑바로 서 있을 수 있다. 그것도 2021년 3월까지만 가능했다. 그 이후는 '스탠딩 휠체어'에 묶여서 설 수 있다. 4년 동안 다리 근육이 더 약해졌기 때문이다. 그러나 남편은 담담하게 현실을 받아들인다.

서 있는 자세에 맞는 탁자가 그의 앞에 놓이면 근무 시작이다. TV 리모컨을 잡은 손은 자기 스스로 할 수 있는 일이 생긴 것이다. 원하는 프로그램을 마음대로 찾아서 볼 수 있다는 기쁨이 환자의 하루를 힘차게 열어 준다. 채널을 바꿔 가며 주로 정치, 경제, 건강 프로그램을 시청한다. 원하는 정보도 얻고 간접적이나마 사람을 만나 감정 교류도 한다. 서 있는 시간은 한 번에 한 시간 이하다. 그 이상은 힘들어한다.

10시부터 11시까지는 휠체어에 앉아 머리와 얼굴 손질, 면도하는 데 소요되고, 또 안방에 들어가서 석션을 하다 보면 오전이 금방 지나간다. 12시부터 오후 2시까지, 점심시간은 침대에서 보낸다. 2시, 오후 근무를 위해 다시 거실로 나온다. 3시부터 5시까지는 하루 중 그의 컨디션이 최상인 때다. 외부와의 미팅 약속은 되도록이면 이 시간대에 한다.

처음에는 병문안도 많았지만 코로나 전염병이 창궐한 이후로는 외부 방문을 제한하고 있다. 간혹 회사의 중요한 보고사항이 있을 경우에는 손 소독, 마스크 착용, 거리두기를 철저히 지켜가면서 그들의 보고를 듣기만 한다.

일선에서는 물러났지만 아직도 해야 할 일이 있고 할 수 있는 일이 있다는 자부심이야말로 그를 지탱해 주는 힘이 된다고 생각한다.

저녁 식사를 하기 위해 6시쯤 잠시 퇴근한다. 식사를 끝내고 7시 30분이면 또 거실로 나온다. 거실에서 '워커'에 서는 것만이 그의 유일한 운동이다. 그는 흐르지 않는 물이 썩듯, 움직이지 않는 몸은 병든다는 생각으로 그 시간을 철저히 지킨다. 밤 10시가 그가 정한 퇴근 시간이다.

다음 날 아침에 일어났을 때 할 일이 있는 사람은 행복하다. 반세기가 넘도록 온몸을 바쳐 일구어 놓은 기업이 있다는 것, 그 기업의 발전을 위해 나도 할 수 있는 일이 있다고 생각하는 것, 그것이 그가 병마와 싸울 수 있는 최고의 무기다.

처음에 의사가 했던 예외가 있긴 하다는 말, 나는 똑똑히 기억한다. 미국까지 가서도 5년 시한부 판정을 받았던 그가 10년이 지나도 건재해 있다는 사실. 이것이 예외가 아닌가. 그가 아직 현역이라는 긍정적 마인드와 그의 의지가 대단하기 때문에 가능했다고 하더라도 이건 천운임에 틀림없다.

돌아보면 쳇바퀴 돌 듯 똑같은 일상이 지루하고 따분하다는 말을 쉽게 하곤 했다. 하지만 그런 일상이 얼마나 귀하고 행복하다는 것을 내일을 알 수 없는 환자와 살면서 깨닫게 되었다. 남편의 투병 생활 동안 얻은 것이 너무 많다. 움직임 없이 한자리에 오래 서 있으면 피가 아래로 몰려서 발이 퉁퉁 붓는다.

밤 10시, 하루 일과를 마치고 침대에 올라간 남편의 발을 보면, 마음대로 걸어 다닐 수 있다는 게 그렇게 고마울 수가 없다. 밤 10시부터 침대에 등을 붙이면 다음 날 아침 식사가 끝날 때까지는 침대에 붙은 매트처럼 그 상태에서 벗어날 수 없다. 요즘같이 더운 날씨에 그의 등은 땀에 절고 그가 입은 바지의 올이 미어질 지경인데도 불평 한마디 없이 의연하게 아침을 맞이하는 그를 보고 있으면 존경심이 저절로 생긴다.

사람들은 간호하는 나를 보고 힘들겠다고 말하는데, 나보다 몇 배 더한 인내심과 성실한 삶을 사는 그이 앞에서 미안한 생각마저 든다. 이런 사람이 내 남편이라는 사실이 새삼 고맙게 느껴지고 그것이 나의 오랜 간병 생활을 지칠 줄 모르게 하는 비결인 것 같다.

그는 비가 오나 눈이 오나 출근을 한다. 단 한 번의 휴가나 휴일도 없다. 아마도 의식이 살아 있는 한 앞으로도 꿋꿋이 출근할 것이다. 남편의 출근이야말로 루게릭 환자가 아닌, 아직도 현역인 능력 있는 남편을 둔 아내로 나를 살게 한다. 그래서 남편이 출근하는 매일 아침이 고맙고, 남편이 퇴근하는 매일 저녁이 또 고맙다.

평설

긴 세월 아름다운 저녁놀

金宇鍾 문학평론가, 전 덕성여대 교수

1. 이동순 작가의 개인사와 삶의 지혜

이 수필집은 이동순 작가가 지난 세월의 많은 이야기를 압축한 여러 편의 영상을 한데 모아 엮은 것이다. 그것들은 한 알 한 알의 진주처럼 독립적인 작품이지만 전체적으로는 수줍던 소녀가 사랑하는 남자를 만나고 지금은 병석에 누운 그와 함께 저녁놀을 바라보게 되기까지의 전기적 수필의 성격을 지닌 면이 있다. 이런 경향은 수필가만의 것이 아니다. 시인이나 소설가의 작품도 시간의 순서대로 나열해 놓고 보면 모두 그 시대의 작가 자신을 말하는 전기물로서의 연구 대상이 된다.

수필은 허구가 아니고 실제적 개인적 체험이 주로 소재가 되기 때문에 자전적 성격이 강할 수밖에 없지만, 이동순의 작품 속에 그려진 가족 관계에는 특히 한국의 전통 문화가 많이 나타나 있기에 그 주제가 전하는 것은 개인의 울타리 밖을 향한 대사회적인 의미도 있다.

작품 소재만으로 보면 이 수필집은 규방문학閨房文學을 상기시키기도 한다. 규방문학은 조선시대에 사대부 가문의 여성들이 한글로 써나가던 문학이다. 여기에 나타나는 여성의 삶은 당대 사회제도와 무관하지 않다. 이 수필집에서는 그 시대의 관습과 전통과 자존심을 지켜 온 종부의 이야기, 그리고 현대문명의 지식인이라 할 수 있는 여성 작가로 활동하며 조화롭게 가정을 운영해 나간 지혜가 나타나 있다.

규방문학으로서의 내방가사는 주로 영남지방에서 발달했다. 이동순 작가도 영남지방 가문의 맏며느리다. 이 안에서 종부로서의 책임을 다하려면 남보다 더 많이 가정사에 시간과 노력을 쏟아야만 한다.

이런 환경에서는 현대문명의 가치관의 도전을 받기도 하지만 그는 이를 잘 극복해 냈다. 이 가문은 전통적 관습을 존중하고 가족 구성원 간의 인격적 존중이 단단하게 바탕이 되어 있는 데다 일찍이 함께 아끼고 힘써서 자수성가하였다. 그래서 이 수필집은 과거의 전통과 현대문명이 만나는 교차점에서 종부가 그 가정을 어떻게 잘 꾸려 나갔는지를 엿볼 수 있는 삶의 지침서라 할 수 있겠다.

여기서 작가의 '삶의 지혜'라는 것은 인종忍從과 관용의 미덕 같은 전통적 부덕婦德을 의미한다. 자식 넷을 기르고 시부모 공양하며 종갓집 맏며느리로서 기제사 받들고 가문의 권위를 유지하며 온갖 감정적 기복을 잘 다스리고 화가 나도 웃고 양보하며 감싸주고 살아온 현모양처의 지혜가 그것이다.

그리고 이 수필에 나타나는 이동순 작가의 삶의 지혜는 더 기본적 단계가 있다. 그것 때문에 직접적 달콤한 애정 표현이 서투른 남자가 마침내 아내 품에 안겨 안식을 찾고 마지막 저녁놀을 바라보며 라일락꽃을 바치고 싶어하는 장면이 나타난다. 이 수필집은 그 비결이 무엇인지를 명확히 말해 주는 것으로 결론을 내고 있으며 조선시대 화가들이 사대부 가문의 이상적인 안방마님으로 그리고 싶어 한 '여인상'도 그것이었으리라.

2. 문체의 서정성

문학은 사상과 감정의 표현이며 과학이나 종교나 철학과 달리 문학만이 지니는 기법적 특성은 감정을 전하는 서정성이다. 이 작가는 개성적인 숙달된 문체로 성공도를 높이고 있으며, 특히 그 문체는 서정적 감각이 넘친다. 그것이 정확한 문법적 구조를 지키며 정감으로 의미를 전하기 때문에 매력이 유지된다.

그의 얼굴에서 내 시선이 머문 곳은 눈, 그 큰 눈이었다. 맑은 냇물처럼 투명한 눈동자에 안개 같은 어둠이 끼어 있고 촉촉이 젖어 있었다. 금세 눈물이라도 흐를 것처럼. 앞으로 도드라진 아랫입술도 마찬가지로 젖어 있었다. 시간이 조금 더 흐른 뒤였지만 난 그것이 어떤 슬픔 때문일 거라고 생각하게 되었다. 〈무슨 말이 하고 싶었을까〉

여중 2년생일 때 만난 벙어리 소년에 대한 인상을 이렇게 표현하고 있다. 작가가 이 글을 쓴 것은 그로부터 먼 훗날이겠지만 사춘기 시절에 본 대상을 관찰하고 쓴 문장이 매우 아름답다. 모든 사물 중에서 인물 표정을 정확히 읽고 표현하는 것이 얼마나 어려운지는 문필가들 누구나 경험하는 일인데, 이만큼 슬픈 눈동자의 표정을 감각적으로 표현하기는 쉽지 않다. 그리고 물론 이것은 대상이 슬픈 소년이기 때문에 서정적 표현이 필수지만 다른 작품에서도 정서적 반응이 풍부하다.

헤밍웨이의 문체가 감정을 절제한 하드보일드 스타일로 유명하지만, 문학이 서정적 감각을 생략해 버린다는 것은 사막에서 물기가 말라 버린 코끼리 가죽처럼 매력이 없다. 다만 서정성의 남용은 자칫 값싼 감상주의가 되기 쉽지만, 이동순의 문체는 서정적이되 적절한 자제력을 지녔기에 호소력이 있다.

말 못하는 벙어리로서 작가네 집 제재소에서 일하며 작가가 학교 가는 아침에 신고 갈 운동화를 현관 앞 제자리에 가지런히 정리해 놓았다가 야단맞고 얼굴이 납덩이처럼 창백해졌던 소년에 대한 소녀(작가)의 후회스러운 기억이 참으로 아름다운 수채화로 재생되고 있다.

3. 문체의 정확성

작가의 문체는 정확하다. 주어 서술어 목적어 등 문법적 구조의 정확성은 문체에 힘을 준다. 이와 달리 조사 하나라도 부적절하게 배치되고 간결성마저 잃게 되면 문장이 읽히지 않는다. 제대로 탁마되지 않은 자갈돌이다. 수필은 산문예술이요 산문은 논리적 정확성이 곧 힘이 되고 강한 호소력이 되고 생기발랄하게 생명력이 넘치게 해 준다.

4. 위트와 유머와 비유

그의 문체는 적절한 비유가 많다.

기사는 찌그러진 백미러만 속상해하고 있었다. 그보다 더 찌그러진 우리 앞에서. 〈내가 왜 지 마누란데〉

이런 표현에서 앞의 '찌그러진' 것은 자동차 백미러이고 뒤에서 '찌그러진 것'은 운전연수를 하는 작가와 친구다. 여자들의 망가진 자존심을 '망가졌다' 하면 그저 정확한 표현이지만 찌그러진 백미러에서 그 말을 그대로 이어 '찌그러진' 하면 위트가 유머가 된다. 자주 나타나는 이 같은 유머는 언어예술만이 지닌 재미를 더해 주고 생기를 넘치게 해 준다.

5. 수필의 표준어와 사투리

"엄마, 야 누고?"
"니 동생 아이가."
"뭐?"
우리는 동시에 소리쳤다. 가슴이 떨렸고 다리가 후들거렸다.

(중략)

"비나이다, 삼신할매께 비나이다. 점지해 주신 아기 그저 묵고 자고, 묵고 자고, 외 굵듯이 달 굵듯이 쑥~쑥 자라게 해 주이소." 〈엄마니까〉

이동순 수필은 적절한 자리마다 대화가 나온다. 이것은 소설에서처럼 등장인물을 현장으로 끌어낸다. 그 대화는 표준어가 아닌 방언이고 특히 억양이 강한 경상도 방언이므로 현장 감각이 더 강조되고 그만큼 생기가 넘친다. 〈엄마니까〉에서 어린 것들의 말이 사투리이기 때문에 더 생동감이 넘치고 재미도 있고 엄마가 삼신할머니께 비는 말도 마찬가지다.

지문은 표준어가 원칙이기 때문에 현장 감각을 살리기 위해 때때로 소설적 대화체를 썼을 것이다. 그리고 여기에 서정적 감각적 표현, 정확한 문체와 위트와 유머와 비유법을 적절히 사용함으로써 생명력이 넘치는 문체를 확립해 나갔다.

6. 감수성과 원형적 언어 감각

전기적 수필에서 작가의 소녀 시절로 돌아가면 작가의 예민한 문학적 감수성과 원형적 언어 감각을 만나게 된다. 〈분홍 보자기〉와 〈무슨 말이 하고 싶었을까〉가 특히 그렇다.

이런 감각은 지난 세월을 사실적으로 그려내는 선이 되고 특성을 잘 잡아낸 형태가 되고 색깔이 되어 몇 편의 싱그러운 수채화도 되고 수묵화도 되고 유화도 된다.

열여섯 소녀 시절의 〈분홍 보자기〉는 덕지덕지 붓과 나이프로 두껍게 발라 나간 유화가 아니라 투명성과 함께 물기가 흐르는 수채화다.

> 서울 아이들은 내 이름조차 불러 주지 않았다. 동순이란 고유명사가 있는데도 낯선 보통명사로 불러대는 것이었다.
> "얘, 시골 애!"
> 그렇게 부를 때마다 어떤 모멸감 같은 것을 느끼곤 했다. 그건 마치 "얘, 촌놈!" 하고 부르는 소리로 들렸기 때문이다. 개성도 호의도 없는 무슨 사물의 이름 같은 호칭. 여러 개의 조약돌 가운데 하나에 불과한 존재가 된 기분이었다.
> 〈분홍 보자기〉

지방에서 서울로 올라와 '시골 애'로 따돌림 받던 시절의 상처가 잘 나타나 있다. 특히 남달리 예민한 감수성이 두드러진다. 그 때문에 국어시간에도 눈물이 잘 나는 얼굴 표정을 감추려고 분홍색 보자기를 가지고 다녔다니, 환경에 대한 감정적 반응이 매우 예민하다.

"하늘 바람 별 바다 같은 흔한 단어만 나와도 눈물이 나왔다"는 것과 함께 박목월의 〈나그네〉가 나오자 곧바로 "고향 마을이며 보리밭이며 저녁놀이 아득히 펼쳐"지고 책 위에 얼굴을 묻고 울었다면 감수성이 위험 수준이다. 여기서 보게 되는 것은 매우 풍부한 문학적 상상력과 그것을 유발하게 된 예리한 관찰력이다. 그리고 또 하나는 원형적(archetype) 언어 감각이다.

바슐라르가 물 불 바람 흙이라는 원형적 이미지를 논해 나갔듯이 이동순이 말한 "하늘 바람 별 바다 같은 흔한 단어"가 바로 바슐라르가 현상학에서 말하고 싶어 한 원형적 이미지다. 그것들은 가장 일찍이 태곳적부터 우리 내면에 DNA처럼 강한 이미지를 심어 준 것이란 뜻에서 원형으로서의 언어다. 그리고 그것을 예민하게 포착하고 그 언어를 사용하는 사람이 특히 시인으로 성공한다. 김소월이나 정호승의 시인으로서의 성공도 이런 원형적 언어 감각이 크게 작용하고 있다. 비 눈 진눈깨비 바람 별 같은 것, 그리고 '하늘과 바람과 별과 시'를 말한 윤동주 시의 매력도 그렇다. 이동순은 이런 원형적 언어 감각이 뛰어나다.

이런 예리한 감수성과 함께 사물의 내면에 대한 투시력은 앞에서 인용한 '2. 문체의 서정성' 중 〈무슨 말이 하고 싶었을까〉를 다시 보면 된다.

7. 21세기 종부의 인내와 규방의 사랑

작가는 집사람이고 안사람이다. 남편이 작가를 부르는 일반적 호칭이 그렇다. 현대 서양 문물을 먹으며 조금 바뀐 것은 '내 와이프'다. 아내라는 호칭이 예부터 있지만 공식석상에서도 그렇게 부르는 사람이 있다.

〈오늘 또 어데 갔더노〉에서 작가는 결혼 후 30년 동안 그런 말을 들었다고 말한다. 외출한 날마다 남편으로부터 어디 다녀왔느냐는 질문을 받았다는 것이다. 빠진 날도 있겠지만 스물넷에 결혼하고 30년 넘었으면 거의 환갑이니 일평생 들어온 말이 "오늘 또 어데 갔더노?"가 된다.

이 작품에서 이런 질문은 친구와 함께 외출했다가 호텔 화장실에 급히 다녀온 일 때문에 있었던 일이다. 질문의 강도가 수사기관의 문초와 다름없다. 아내는 집사람이고 안사람이니까 바깥사람이 되고 대문 밖 사람이 되면 남편으로서는 궁금해할 수 있다. 그렇지만 왜 안사람, 집사람이 밖으로 나돌며

규범을 어겼느냐는 문책이 되면 이것은 현대생활에 맞지 않는다.

그런데 개화 후 100년이 넘은 시기에 사범대 출신이며 문필가인 작가는 잠시 반란을 상상으로만 시도하다가 그대로 남편을 받드는 착한 아내가 된다.

이는 헨릭 입센의《인형의 집》과 상반된 경우 같아 보이는데, 이런 비교는 옳지 않을 것이다.《인형의 집》에서 헬메르가 노라에게 보이는 사랑은 인형에 대한 사랑과 같다. 퇴근하고 귀가할 때마다 아내에게 낯간지러울 정도의 애칭을 사용하지만 아내가 법적인 문제로 곤경에 빠졌을 때는 냉담하게 대한다. 예뻐하다가 이사할 때 버리고 떠나는 인형 같다.

이와 달리 이동순 작가의 가정에서는 이런 일은 있을 수 없다. 시부모가 다같이 수작업으로 연탄을 찍고 큰살림이 된 후에 힘든 친인척들을 사랑으로 맞이하고 존경을 받아온 가문이기 때문이다. 작가는 이를 모두 기술하지 않았지만 전체적 맥락이 이렇게 전한다.

시어머니는 다음을 이어갈 작가에게 종부의 덕목을 가르쳤다. 그 첫째 덕목이 참을 인忍이다. 친인척들에 대한 친절과 어려운 친척들에 대한 배려와 가난한 이들에게 아낌없이 퍼주라 한 가르침도 작가에게는 그 후 40년 간 귀중한 종부의 지침서가 되었지만 그중 제일의 덕목이 참을 인이었던 것 같다. 이는 누구에게나 요구되는 교양 지침이지만 실천하기는 쉽지 않은 덕목이다. 작가에게선 다음과 같이 나타난다.

그중 하나는 화려한 현대사회의 유혹도 있다. 작가는 이것을 해운대 바닷가에서 맞았기 때문에 영화 〈A SUMMER PLACE〉에 비유했다. 여기서 작가는 혼미해진 이성으로 해운대 백사장이 대서양의 백사장이 되었다고 했다. 그리고 매끄럽고 감미로운 노래가 나오고, 자신은 누구의 아내도 아니고 누구의 엄마도 아니고 영화의 주인공인 '산드라 디'가 되었다고 말한다. 하지만 작가는 종가의 사려 깊은 종부로 돌아간다.

〈무슨 말을 하고 싶었을까〉에서 부딪히는 것도 전통적 관습과의 관계다. 여기서도 작가는 전통 문화와의 충돌을 피힌다. 〈오늘 또 어데 갔더노〉에서도 작가는 맞서고 싶은 말이 있겠지만 참고 넘겨 버린다. 이런 자제력은 자신을 한걸음 양보하고 전체를 아우르는 포용력 때문에 가능하다.

그러므로 작가가 전통적 관습의 어려움을 이겨 내고 지금의 행복한 가정을 이루어 온 것은 특별한 요령이나 지혜가 아니라, 다 함께 감싸고 돕고 이해하며 살아가야 한다는 공생의 철학이고 그것은 사랑의 정신이다. 그것이 백번도 어려움을 이겨 내는 참을 인忍이 되고 남편으로 하여금 작가에게 꽃을 바치며 저녁놀을 행복한 눈으로 바라보게 해 준 비결이다.

작가는 72회 생일 선물로 남편으로부터 라일락꽃을 선물 받는다. 휠체어에 앉아서 밖을 내다보다가 2층 정원에 피어 있는 라일락을 꺾어 오게 해서 아내에게 생일 선물로 바친 것이다.(《아주 특별한 일흔두 번째 생일 선물》에서)

'첫사랑' 또는 '젊은 날의 추억'이 라일락의 꽃말이라고 한다. 그는 루게릭병으로 호흡이 어렵고 대화도 힘들다. 하지만 남편이 입모양을 '소' 하면 작가는 '변' 한다. '여보' 하면 남편은 '은은한 미소'로 답한다. 소변은 2음절 단어지만 한 음절씩 합쳐서 하나가 되는 대화는 이 두 사람 사이에서만 가능하다. 두 사람의 영혼이 하나가 된 것이다.

남편은 기관지 절개 수술을 하고 다시는 말을 못하게 된다. 작가는 수술 직전에 '여보, 사랑해'라는 말을 꼭 한 번 듣고 싶었지만 듣지 못했다. 한평생 부부로 살아오면서 마음으로만 전하고 한 번도 듣지 못한 그 말을 마지막으로 꼭 듣고 싶었지만 못 듣고 말았다. 그런데도 작가는 그 말을 꼭 들을 수 있으리란 희망을 버리지 못하고 있다. 〈그의 마지막 목소리가 듣고 싶었다〉의 마지막 마무리가 그것이다.

이 책의 클라이맥스는 루게릭병을 앓고 있는 남편의 투병 과정과 그런 남편을 헌신적으로 돌보며 그를 향한 존경과 사랑이 갈수록 견고해지는 작가의 심리를 섬세하게 써내려간 것이다. 이미 칠순을 넘긴 부부인데 이만큼 절실하게 뜨겁게 사랑할 수 있다니, 진정 부부란 무엇인가를 되새겨보게 하는 깊은 울림. 그것은 범종과도 같이 현대 독자들에게도 오랜 여운으로 남을 것으로 믿는다.

이 동 순 수 필 집

그의 마지막 목소리가 듣고 싶었다